CARLOS FERREIRINHA

O PALADAR NÃO RETROCEDE

Como a Inteligência da Gestão do Luxo ensina negócios de diferentes segmentos a se diferenciarem, elevarem padrões de consumo, despertarem emoções, gerarem desejo e se manterem relevantes ao longo do tempo

DVS EDITORA

O PALADAR NÃO RETROCEDE

DVS Editora Ltda. 2019 – Todos os direitos para a língua portuguesa reservados pela Editora. Nenhuma parte deste livro poderá ser reproduzida, armazenada em sistema de recuperação, ou transmitida por qualquer meio, seja na forma eletrônica, mecânica, fotocopiada, gravada ou qualquer outra, sem a autorização por escrito dos autores e da Editora.

Organização: **Camila Balthazar e Flávia Ragazzo de Barros**
Diagramação: **HiDesign Estúdio**
Revisão: **Fábio Fujita**
Capa: **Austin Seok Min**

Dados Internacionais de Catalogação na Publicação (CIP)
(Câmara Brasileira do Livro, SP, Brasil)

Ferreirinha, Carlos
O paladar não retrocede / Carlos Ferreirinha. -- São Paulo : DVS Editora, 2019.

ISBN 978-85-8289-227-5

1. Administração de empresas 2. Consumo (Economia) 3. Estratégia empresarial 4. Inteligência emocional 5. Mercado do luxo 6. Negócios 7. Objetos de luxo -Comercialização I. Título.

19-30748   CDD-658.8

Índices para catálogo sistemático:
1. Gestão do luxo : Mercado, marketing, estratégias de marca e negócios : Administração de empresas 658.8

Maria Paula C. Riyuzo - Bibliotecária - CRB-8/7639

Nota: Muito cuidado e técnica foram empregados na edição deste livro. No entanto, não estamos livres de pequenos erros de digitação, problemas na impressão ou de uma dúvida conceitual. Para qualquer uma dessas hipóteses solicitamos a comunicação ao nosso serviço de atendimento através do e-mail: atendimento@dvseditora.com.br. Só assim poderemos ajudar a esclarecer suas dúvidas.

CARLOS FERREIRINHA

O PALADAR NÃO RETROCEDE

São Paulo, 2019
www.dvseditora.com.br

Para todos que trabalharam comigo e proporcionaram tantas experiências – dúvidas e obstáculos que me fortaleceram, elogios e parcerias que me fizeram acreditar que seguimos no caminho certo –, humilde e sinceramente, OBRIGADO!

"Em um continente vibrante de quase 500 milhões de pessoas, conhecido por seu explosivo clima econômico e político, Ferreirinha combina experiências corporativas passadas com o sonho de empreendedor. Ele é, ao mesmo tempo, piloto de helicóptero e avião a jato – uma aposta bastante segura para a América Latina!"
Anthony Ledru, VP global da Louis Vuitton

"Trabalhar com o Ferreirinha foi um dos maiores aprendizados da minha carreira. Até hoje usamos a expressão 'o paladar não retrocede' como mantra. Com essa frase em mente, nós nos esforçamos para ser melhores em tudo o que fazemos, principalmente em relação à qualidade do que produzimos com tanto carinho."
Alexandre Costa, fundador e CEO da Cacau Show

"Interagir com o Ferreirinha é um aprendizado! Ele é um grande conhecedor do varejo, traduz o Luxo com precisão para outros segmentos, mantém os pés no chão e entende toda a nossa jornada e a de muitos sonhos criados aqui e no exterior."
Artur Grynbaum, CEO do Grupo Boticário

"Repertório é um dos meus mantras. O Ferreirinha é mestre em assuntos contemporâneos, provocando a audiência a pensar como fazer negócios nos tempos atuais."
Daniela Cachich, VP da Pepsico

"Ferreirinha e sua empresa são mágicos porque equilibram intuição e razão. Ele extrai o melhor desses dois hemisférios, e sua experiência é fantástica. Um talento incrível."
Roland Herlory, ex-CEO da Hermès América Latina – atual CEO global da Vilebrequin

"Os ensinamentos do Ferreirinha e da MCF revelam com maestria o mercado de Luxo, os princípios da segmentação diferenciada e o mapa para conquistar a satisfação do cliente."
Andrea Carvalheira, superintendente executiva do Bradesco Prime

"O trabalho da MCF Consultoria me surpreendeu. Confesso que esperava algo mais restrito ao mercado de Luxo, mas logo compreendi a proposta de agregar valor e gerar desejo pelo produto, não importando seu preço final."
Emerson Cação, diretor da The Hershey Company

"Coletar dados brutos sobre segmentos Luxo e Premium no Brasil é um grande desafio. A MCF Consultoria não apenas consegue obter esses dados, mas também acrescenta percepções e análises pertinentes."
Maria Paula Gurgel, ex-diretora do Grupo Iguatemi

"Ex-presidente da Louis Vuitton no país e atualmente no comando da MCF, consultoria especializada em gestão de empresas de Luxo, Carlos Ferreirinha é considerado uma espécie de oráculo do mercado de alta renda no Brasil."
Revista *IstoÉ Dinheiro*

"Apontado como o maior especialista em mercado de Luxo no país, Ferreirinha é o primeiro nome na lista de consultores das empresas estrangeiras com planos de se instalar e se expandir no Brasil."
Revista *Época Negócios*

Sumário

INTRODUÇÃO 11

1 – EXPERIÊNCIA E EMOÇÃO 17
    Características de um produto ou serviço de Luxo 21
    A magia do negócio do Luxo 24
    Conheça seus clientes 26
    Práticas de um varejo de sucesso 30
    A venda experiência 32
    Marca: a característica da diferenciação 35
    Os rumos da alta-costura 38
    A primeira classe do século 21 40

2 – INOVAÇÃO E DEMOCRATIZAÇÃO 43
    Luxo em novos tempos 47
    A hierarquização do Luxo 48
    Da logomania ao não logo 50
    A democratização do Luxo 53
    O movimento Premium 54
    Vida limpa 57
    Omnichannel, o caminho sem volta 58
    É hora de desenvolver novas competências......................... 60
    O século do design 64
    O duelo entre monomarcas e multimarcas 66
    Lim-it-less: arrisque uma nova perspectiva 68

3 – BRASIL: PRODUTOR E CONSUMIDOR 73
    A transformação do Luxo no Brasil 77
    Duas décadas de Luxo no país 78
    O paladar não retrocede 80
    O atendimento excelente 84
    Por que as marcas de Luxo brasileiras não ganham o mundo? 86
    Transformando o simples em nobre 88
    Quem sabe faz a hora 91
    Novamente, recomeçar! 93

4 – TURISMO DE LUXO: EXCELÊNCIA E OBSESSÃO POR DETALHES... 95
- O sonho e a fantasia como escola de negócios 97
- Experiências da África ao Grand Canyon 101
- Um sentimento de vizinhança na Madison Avenue 104
- O excelente momento de Portugal 106

5 – NOVOS PÚBLICOS PARA O LUXO 111
- Luxo de pai para filho 113
- O poder dos jovens consumidores 116
- Geração Y e o consumo de Luxo 118
- Quem tem medo da Geração C? 120
- O consumo masculino 122

OLHAR O PASSADO, ENTENDER O FUTURO 125
- O futuro do Luxo no Brasil está no crescimento da classe C 129
- Não há um boom de Luxo no Brasil 136
- Carlos Ferreirinha, empresário do Luxo 141

TALKS LUXO 147

AGRADECIMENTOS 153

Introdução

"Nem todas as empresas podem ou devem ser Luxo, mas absolutamente todas podem aprender com a inteligência de gestão do Luxo."

Durante os dezoito anos da MCF Consultoria, sempre evitei a ideia de escrever um livro. Nunca quis ser conhecido por uma obra, tampouco por um viés teórico. Incomodava-me o pensamento de deixar um compilado do que se deve ou não fazer, sem ter tido a experiência concreta de como fazer. Acredito no pensar e agir.

Isso porque minha história — e, por consequência, a história da MCF Consultoria — é baseada em experiências práticas. Foi pensando, agindo, fazendo, errando e acertando que aprendi as possibilidades de usar a inteligência do Luxo de forma ampla.

Quando entrei na Louis Vuitton, em 1994, eu sequer conhecia a marca. Não existia glamour em minha vida pessoal. Aprendi a lidar com a atividade do Luxo como estratégia de gestão — essa foi a minha escola.

Quando olho para trás, sinto muito orgulho do percurso que comecei desde menino e que teve seu ápice de aprendizagem na EDS (Electronic Data Systems), uma grande escola profissional em minha vida. Muito do que trago de gestão de estratégias emocionais e de valor do intangível vem dos oito anos de EDS. Já meu "MBA" estruturado como gestão do Luxo aconteceu na Louis Vuitton.

Se hoje sou referência em gestão, consultoria estratégica, palestras, cursos e seminários, isso não ocorreu de uma hora para outra. No início da MCF, tive dificuldades reais para me ver como consultor. Não me desliguei da Louis Vuitton para abrir minha empresa — ao contrário, retornaria ao mercado. A MCF foi aberta para atender projetos do governo federal e da Abit (Associação Brasileira da Indústria Têxtil e de Confecção). Apenas ao longo do caminho fui percebendo que havia uma janela de oportunidade.

Ao olhar para o mercado, conheci consultores que falavam, falavam, falavam — sem nunca terem lido um orçamento, elaborado um planejamento estratégico, contratado e demitido pessoas, desenvolvido pessoas, realizado na prática planos estratégicos de gestão. A consultoria precisa estar pautada na prática e na realidade, não somente na apresentação de conceitos e teorias — que também são importantes, claro.

Nesses dezoito anos de MCF Consultoria, a primeira de Luxo na América Latina, nós nos tornamos referência por projetos e iniciativas reais, fundamentados, e que geraram resultados importantes a muitas empresas e profissionais. Trago experiências bem-sucedidas como o Atualuxo, a maior conferência de gestão do Luxo da América Latina; o MBA em gestão do Luxo da FAAP e o primeiro curso do Luxo aplicado à gestão, há 16 anos organizado pela MCF; o fórum anual Pensadores do Luxo; o roteiro de experiências em vivências no Brasil e em Nova York, que chamamos de True Experiences; a primeira e mais importante pesquisa da atividade do Luxo; a plataforma Talks Luxo nas redes sociais; o projeto revolucionário SCMC (Santa Catarina Moda e Cultura); muitos projetos com a Abit e o governo federal, e muitos projetos estratégicos e treinamentos em todas as regiões do Brasil e em diversos países, principalmente Argentina, Chile, Colômbia, México, África do Sul, Angola e Portugal.

Tenho também muito orgulho da criação e condução da Abrael (Associação Brasileira das Empresas de Luxo), e da BENTO STORE, meu segundo movimento empreendedor que usa muito da inteligência estratégica da MCF. Minhas experiências não são uma história perfeita. Trago comigo erros, acertos, dificuldades, enormes desafios, falhas em conduções e muito trabalho.

Ao mesmo tempo, não quero defender uma receita de bolo. Não acredito nisso. Gestão de negócio não é uma ciência exata, mas, sim, um universo de tomadas de decisões a partir de uma série de inferências.

É por isso que este livro existe. Não traz a receita — mas entrega uma possibilidade real de reflexões sobre caminhos, possibilidades genuínas, modos de fazer. Pretendo que seja um espelho do que somos e praticamos nesses dezoito anos da MCF, onze anos da Abrael e seis anos da BENTO STORE.

Quando comecei a vislumbrar esta obra, imaginava que ela fosse publicada em um momento no qual o Brasil estivesse em profunda força de expansão. Mas nosso país tem uma estranha habilidade de avançar duas casas no tabuleiro e, depois, retroceder quatro.

Em 2019, a economia está sob atenção e vigilância. A atividade do Luxo, é claro, merece observação e inspira cuidados. Porém, em algum momento próximo, seremos apresentados a uma nova rota de expansão — e precisamos estar prontos.

Mas sempre lembrando o que afirma o cientista e professor Silvio Meira: "É preciso aprender a desaprender para aprender uma coisa nova", e também o comentário do escritor Alvin Toffler de que "os analfabetos do século 21 não serão aqueles que não sabem ler e escrever, mas aqueles que não sabem aprender, desaprender e reaprender". É tempo de viver coisas novas.

Reunir estes artigos publicados por mim na imprensa nos últimos anos e algumas das entrevistas que concedi é uma oportunidade para analisar o que vivemos na MCF e compartilhar as lições aprendidas. Tantos problemas complexos, somados à meta constante de entregar resultados.

Uma variável não mudou. Ainda me sinto profundamente inquieto com a capacidade de as marcas consagradas de Luxo se manterem na vanguarda. Em meio a tantas empresas de tecnologia e startups e a uma reviravolta no ranking das companhias mais valiosas, como essas marcas se mantêm atuais?

Empresas tradicionais como a Hermès (fundada em 1837), a Baccarat (1764), a Veuve Clicquot (1772), a Ferrari (1947) e a própria Louis Vuitton (1854) permanecem sinônimo de marcas desejadas, apresentando resultados impressionantes. Se considerarmos a nova lógica da economia das plataformas, por exemplo, essas empresas não deveriam mais ser tão fortes.

Mas essas marcas têm uma tremenda capacidade de resiliência, de adaptação e de comprometimento com inovação. São insuportavelmente disciplinadas. Devem ser vistas como fonte de inspiração. E destaco que ninguém nasce grande. A história de todas elas mostra que começaram como pequenos negócios, demandando o trabalho árduo, intuitivo e visionário de seus fundadores, além de uma capacidade única de desenhar o futuro e, anos depois, de potencializar e profissionalizar suas marcas em grandes grupos empresariais.

Ao entender muitas dessas marcas consagradas de Luxo, as dificuldades de empreender no Brasil e na América Latina ganham outra perspectiva. Todas as grandes empresas de Luxo tiveram dificuldades. As mais antigas passaram por duas guerras mundiais. Sobreviveram à crise de 1929. Atravessaram momentos políticos variados e conturbados. O cenário atual precisa ser visto como mais um obstáculo a ser vencido.

Este livro não é destinado apenas aos empresários, gestores, funcionários, profissionais em geral de marcas de Luxo. Usamos os exemplos dessa atividade para aprender com a inteligência das marcas de Luxo. Como essas empresas se mantêm no topo? Como continuam sendo objeto de desejo? Como traduzem códigos contemporâneos?

Nos últimos dezoito anos, a MCF foi construída nessa base de diálogo com o Luxo. Temos muitos projetos com marcas desse setor. Mas não só. Contribuímos com marcas e empresas que querem usar as ferramentas de gestão do Luxo como diferencial, não importando se são ou não desse nicho.

É uma trajetória que considero, sim, vitoriosa. E, agora, com a maturidade necessária para servir como referência para outros profissionais, executivos, gestores e empreendedores. Senti que era a hora de escrever um livro. Pautados nos projetos reais de consultoria, os artigos desta obra traduzem uma história de condução e diferenciação verdadeira e genuína.

Eu não poderia ter escolhido outro título para este livro. Tudo o que apresento aqui é baseado na frase que criei e virou um mantra na minha vida profissional: "O paladar não retrocede". Essa é a essência do que acredito e o objetivo pelo qual trabalhamos na MCF Consultoria.

Afinal, quando uma nova experiência nos leva a subir um degrau, nossos hábitos de consumo mudam. Após dirigir um carro automático com ar-condicionado e direção hidráulica, ninguém sente falta da manivela para abrir a janela. Após assistir a um filme na sala de cinema Premium, aprendemos rapidamente a gostar dessa experiência. Nosso paladar é educado pelo novo e encantado por um patamar superior.

Essa premissa vale para qualquer produto ou serviço, seja um laboratório, restaurante, da construção civil, beleza, moda ou operadora de cartão de crédito. Quando vivenciamos algo que eleva nosso padrão, nossos hábitos mudam. E, a partir desse instante, o paladar não retrocede. A transformação é irreversível.

Produtos e serviços de Luxo despertam desejos — são pautados na vontade e não na necessidade. É nessa habilidade de gerar desejo que devemos nos inspirar para fazer a gestão de qualquer tipo de negócio.

Experiência e Emoção

"A tomada de decisão do consumo do Luxo ocorre quando a emoção ultrapassa a razão."

Preciso contar um segredo: um empreendedor não vence pela qualidade de seus produtos ou serviços. Na competitividade, qualidade é o patamar mínimo para sobreviver.

As marcas de Luxo sempre souberam trabalhar isso. Seus produtos têm qualidade indiscutível. Mas elas se destacam porque se transformaram em objeto de desejo, em fetiche. Empresas de outros segmentos estão despertando para essa estratégia — prova disso é o McDonald's convidar um chef de cozinha renomado para assinar um sanduíche.

Estamos falando de experiência. Estamos falando de emoção. O ser humano não é só razão e, na hora de consumir, as decisões costumam ser baseadas em sensações menos tangíveis. Se analisarmos o caso da Apple, veremos que a empresa ganha dinheiro vendendo produtos que, pensando bem, nem sequer precisamos. Mas queremos, desejamos e, por isso, compramos.

Poder, história, inovação, sofisticação, tradição. Há um rol de códigos disponíveis para embalar seu produto. Dentro, o mínimo que se espera é que seja algo de qualidade — um guarda-chuva que não quebre na primeira tempestade, um pneu que não fure ao passar pela estrada esburacada, um serviço que funcione. Isso é o básico, não o diferencial.

O diálogo com o consumidor precisa transcender esse ponto. A relevância contemporânea está na desejabilidade. É preciso estimular sensações e motivações emocionais. Estamos na era do código da não necessidade. A supremacia das experiências. O poder da emoção.

Os consumidores também já sabem o que querem. O empreendedor precisa estimular novos quereres. No mundo contemporâneo, os consumidores já sabem que um produto ou serviço de má qualidade significa dinheiro jogado fora — ou, pior, tempo jogado fora. O empreendedor precisa ter a qualidade resolvida como ponto de partida. E se diferenciar pelo excepcional, pelo que vai além de uma excelente mercadoria ou serviço.

A cada dia cresce o número de pessoas que não compram ou acessam um produto ou serviço apenas porque precisam de algo. As escolhas são pautadas por vontades, sonhos, desejos, emoções. Como inserir essas características no produto e no serviço oferecidos por sua empresa? Como entregar uma experiência inesquecível ao vender um produto ou serviço?

Neste capítulo, meu convite é para refletirmos sobre isso. Afinal, é preciso entrar no jogo com as melhores ferramentas para ser bem-sucedido.

Características de um produto ou serviço de Luxo

O segmento do Luxo tem o constante desafio de não apenas surpreender, mas também de encantar e transformar produtos e serviços em desejos e de conduzir a emoção por meio da experiência. Essa é a arte da gestão que transforma o ordinário em extraordinário. Nem todas as marcas podem ser consideradas de Luxo, mas todas podem utilizar os conceitos e as premissas da gestão do Luxo para definir sua estratégia de posicionamento e imersão no mercado. Premissas que podem e devem ser usadas como elementos de diferenciação estratégica.

É fundamental criar valor em produtos e serviços com o objetivo de alcançar novas demandas de mercado. Porém, o grande desafio de manter o status diante de um consumidor cada vez mais informado e exigente consiste em planejar diferentes ações, como investimento contínuo em pesquisa, comprometimento com a excelência a médio e longo prazos, obsessão pelos detalhes e inovação constante. Tudo isso para surpreender sempre o mercado e, principalmente, o consumidor.

Na MCF Consultoria, utilizamos a emoção, os ativos intangíveis, o desejo e todas as premissas da atividade do Luxo e do Premium para apresentar um cenário completamente diferenciado de gestão e prestação de serviços. A compreensão dos códigos do consumo emocional e dos valores que direcionam o comportamento dos clientes estabelece uma cultura de valores apurada, revê comportamentos e atitudes, e facilita o desenvolvimento de novas habilidades.

Assim, temos uma metáfora que chamamos de "Flor do Luxo". Para nós, um produto ou serviço só são considerados Luxo quando apresentam em seu DNA oito atributos (pétalas): atemporalidade, inacessibilidade, universalidade, tradição, beleza, qualidade, originalidade e perfeição.

A atemporalidade é uma das principais características para que uma marca seja considerada de Luxo, o que significa que, a qualquer momento, é vista como excepcional. Entre os produtos e serviços considerados eternos, temos os automóveis Rolls-Royce e o Hotel Ritz em Paris.

A inacessibilidade é essencial para que a marca se mantenha desejável, fazendo com que o consumidor almeje fazer parte deste universo de sonhos. O Luxo não deve estar disponível para qualquer um, a qualquer

"Não existe qualidade superior: ou há qualidade, ou não há Luxo. Esse é um atributo resolvido e inerente ao segmento."

momento e a qualquer hora. Um grande exemplo é a estratégia de marketing da Louis Vuitton, que se democratiza sem se tornar massificada. Para não perder a sua essência, a marca lança modelos exclusivos e limitados de bolsas em todas as coleções, o que ajuda a oxigenar o atributo da inacessibilidade.

Já a universalidade do Luxo está presente em elementos que são capazes de fazer determinados produtos ou serviços serem reconhecidos em qualquer parte do globo.

A história da marca, sua trajetória e seus valores, contados de maneira consistente, de geração em geração, contribuem para a construção de sua tradição e evidenciam seu propósito. É o caso da Chanel. Responsável por grandes mudanças no guarda-roupa das mulheres no século 20, a estilista francesa se mantém até hoje como grande símbolo da marca. É imprescindível conhecer um pouco de sua vida para compreender o DNA da grife e seus produtos-ícones.

A beleza construída é uma estratégia fundamental no Luxo. Os produtos precisam ser desejáveis.

Outra das principais características de um produto de Luxo é a qualidade, que deve ser absoluta e indiscutível. Não existe qualidade superior: ou há qualidade, ou não há Luxo. Esse é um atributo resolvido e inerente ao segmento. Por esse motivo, a Hermès entrega a seus clientes uma garantia eterna em seus produtos. E suas bolsas são tratadas como verdadeiras joias.

Aspecto fundamental, a originalidade quebra paradigmas e tem claro comprometimento com o novo. O atributo está intimamente ligado à autenticidade, sendo um dos principais motivos que levam os produtos de Luxo a estarem sempre entre os mais copiados e falsificados.

Por fim, a obsessão pelos detalhes e a busca constante pelos sinais de perfeição são características que levam à diferenciação. É o Luxo traduzido em gestão.

A magia do negócio do Luxo

Quais os termos, características e atributos relacionados quando usamos a palavra Luxo? Ambientes belos, impecáveis, cheios de detalhes? Comidas sofisticadas? Pessoas elegantes, cultas e educadas? Um passado cheio de história e tradição? Objetos perfeitos? Sonhos? Excelência? Supérfluo? O não necessário? Qualidade total? Tempo? Tudo isso faz sentido.

Poucos, porém, relacionam o Luxo a uma atividade importante, forte e pujante de negócios. Uma ferramenta de gestão contemporânea no cenário atual e moderno de negócios.

A atividade do Luxo é feita de desejos materializados que proporcionam a sensação única de realização e satisfação. É essa magia que seduz e encanta o mundo.

A gestão do Luxo é a fórmula profissional de capacitar e gerar ferramentas modernas para gerenciar esse mercado tão promissor. Consumidores estão ávidos para adquirir produtos e serviços de Luxo, devidamente norteados pela alternância entre acessibilidade e inacessibilidade. Ora se permite que um produto ou serviço esteja disponível para a massa, ora se criam ou se mantêm produtos e serviços completamente inacessíveis. Esse exercício tem funções práticas: preservar um produto ou serviço como raro, único e exclusivo, além de fazer das pessoas que dele usufruem alvo de admiração e projeção.

Para alguns, produtos e serviços de Luxo são adquiridos por conferir status, diferenciação e aceitação. Para outros, significa a busca de objetos que surpreendem pela obsessão com os detalhes. Temos ainda as pessoas que se importam com o que está por trás desses produtos, como a matéria-prima e a mão de obra impecáveis. São sensações exclusivas de quem acessa tal mundo.

O negócio do Luxo é pauta atual no mercado. Além de ser capa de revistas e jornais importantes, é apresentado e discutido em conferências, seminários, fóruns nacionais e internacionais e MBAs.

Combine sonho, tradição, consumo, prazer, beleza, perfeição, marketing, exclusividade e qualidade, e adicione inovação. O resultado é um misto de fascínio e excelência.

Shakespeare já falava, em 1606, que "precisamos de um pequeno excesso para sobreviver". O Luxo é a arte dos pequenos excessos.

A escola contemporânea do negócio do Luxo nos faz refletir sobre novas ferramentas de gestão sob o viés da administração. Cada vez mais, produtos e serviços que conseguirem encantar o consumidor final pelo repertório emocional terão maior competitividade. Isso porque são naturalmente impregnados de símbolos emocionais, fazendo com que a atividade encontre o melhor momento da história para crescer e se fortalecer em todo o mundo.

Nós, consumidores, estamos cada vez mais dispostos a esse impacto. Sinais de perfeição, distribuição seletiva, localização apurada, repertório de tradição, tempo, qualidade bem resolvida, preço estratégico, atemporalidade, universalidade, obsessão por detalhes, matéria-prima e mão de obra que surpreendem, comprometimento com a excelência em todos os aspectos... esse é o Luxo como negócio.

Conheça seus clientes

Há anos esta tem sido uma das principais obrigações e desafios das empresas: conhecer o cliente. Essa vertente da gestão, porém, é ainda mais vital em momentos de crise, quando o cliente se transforma no personagem principal da retomada do crescimento. Estamos realmente prontos para lidar com esse consumidor que emergirá com novas exigências e demandas?

Outras perguntas acompanham essa reflexão. Podemos dizer que conhecemos a fundo os clientes que há anos mantêm relação comercial com nossos produtos e serviços? Construímos reais habilidades de entender estrategicamente o banco de dados, com tudo o que coletamos há anos? Ou, na verdade, o que temos é um "bando de dados"?

Estamos treinando nossa equipe de vendas ou atendimento com novas ferramentas e novas técnicas? Somos capazes de equipar nosso corpo funcional com novas metodologias e formatos de atendimento? Qual é o novo repertório usado pelos vendedores ou atendentes?

O mercado vem, há algum tempo, emitindo fortes sinais de mudanças, algumas bem profundas. Vivemos uma era de transformação e revolução dos hábitos de consumo. O nível de qualidade alcançado por um número cada vez maior de empresas faz com que a excelência atinja um novo patamar.

Se a qualidade era o grande diferencial na era dos produtos e serviços, qual seria a vantagem competitiva e o valor diferenciado na era das experiências, em que o indivíduo está cada vez mais disposto e ávido para acessar tudo o que é especial? Se antes capacitávamos todos para vender produtos e serviços, o que estamos fazendo para instruir quanto à venda emocional e de experiências? Como despertar a atenção do consumidor quando ele está diante da espetacularização do igual?

Até recentemente, era muito fácil classificar o tipo de clientela e entender seus sinais. Na era dos produtos e serviços, em que o nível de conhecimento e acesso do cliente era razoavelmente baixo, o poder estava em nossas mãos. O que fazer diante de um cliente cada vez mais pluralizado e que não tem mais estilo de vida, mas, sim, ocasião de vida? Afinal, ele pratica boxe e medita durante a ioga, tudo ao mesmo tempo.

"Conheça os seus clientes. Mas conheça de verdade, não apenas colecione informações sobre eles."

Somos capazes de recapacitar nossos funcionários para lidar com um cliente mais informado? Quando até a padaria e a farmácia surpreendem com um movimento *upscale*, qual será a expectativa do consumidor diante de produtos, serviços e marcas que tradicionalmente são mais exclusivos e especiais?

Há anos as empresas desenvolvem seu relacionamento com clientes, criando bancos de dados, atualizando as fichas cadastrais, elaborando programas de fidelidade e presenteando-os em seu aniversário. Não é mais suficiente. Já não bastam as famosas fichas se, quando você retorna ao mesmo hotel, a recepção lhe pede que você as preencha novamente. Ou quando o vendedor pergunta se o cliente se importa em preencher o cadastro sem antes verificar se ele já fez isso antes.

Para que serve um programa de milhagem especial, além da emissão de bilhetes-prêmio? Não consigo entender por que, em um check-in, o agente não pode ter na tela do computador dados sobre o passageiro como nome completo, a última viagem com a companhia ou o último filme a que assistiu, para que haja um atendimento mais customizado.

Será que, além de apresentar a rota do voo, os procedimentos de segurança e o merchandising habitual, os comissários não conseguem receber dados — também em tempo real — sobre quem está naquele voo? Dessa forma, poderiam, talvez, encantar um passageiro que está aniversariando ou, quem sabe, premiar aquele que tem a maior quantidade de horas voada. De que adianta os extraordinários avanços tecnológicos se não os usamos estrategicamente?

Temos de ser capazes de ir adiante, dar um passo a mais. Na era das experiências, oferecer produtos e serviços de qualidade é apenas o básico. Além disso, é preciso encantar, surpreender, fascinar, envolver. Confúcio dizia que, quando contamos nossa experiência, as pessoas esquecem. Se as mostrarmos, elas lembrarão. Se as envolvermos, elas entenderão.

Rasgue as fichas cadastrais. Crie outras. Desaprenda e aprenda novamente. Delete o velho conhecimento e busque novos. Precisamos aprender a fazer diferente o que temos feito de forma bem-sucedida há anos. Em épocas de crise, os clientes ficam mais cautelosos, atentos, inseguros e temerosos. Para conquistá-los novamente — ou até conquistá-los pela primeira vez —, devemos ser capazes de reinventar a tradicional forma de aproximação.

Einstein sabiamente dizia que se fizermos alguma coisa da mesma forma sempre e esperarmos resultados diferentes, somos apenas loucos. Temos de mudar. Arriscar mais. Ousar.

Há uma diferença entre prestar um serviço excelente — e já esperado — e surpreender e encantar. Conheça os seus clientes. Mas conheça de verdade, não apenas colecione informações sobre eles.

E atenção: coloque-se na posição de cliente (todos somos clientes de alguém) e faça o seguinte exercício: nos últimos tempos, qual empresa ou marca o surpreendeu? Se a resposta for poucos produtos e serviços, fique atento. Sua operação, marca ou produto podem estar tão medianos quanto.

Práticas de um varejo de sucesso

Como ter sucesso no varejo? A qualidade no atendimento e nos serviços prestados ao consumidor é fator decisivo para as marcas se diferenciarem e favorece a formação de uma boa imagem da loja, a satisfação do cliente e, consequentemente, seu crescimento no mercado.

Além de atrair o cliente para a loja, é necessário investir em atendimento para que os colaboradores transmitam o conceito da marca. O ambiente deve estar alinhado a todas as necessidades do consumidor e facilitar o dia a dia da operação. Tais cuidados garantem um retorno de vendas maior, aumentam o faturamento, a rentabilidade e a participação da empresa no mercado, assegurando uma posição valiosa na mente dos clientes atuais e futuros.

O excesso de oferta faz com que a experiência de compra passe a ser o principal elemento de diferenciação de um varejista diante de seus concorrentes. As marcas de Luxo têm atributos suficientes para torná-la efetiva, positiva e, principalmente, perceptível aos olhos do consumidor.

Como a força de uma marca e a qualidade dos produtos de Luxo são indiscutíveis, é importante haver excelência no serviço, e é fundamental que isso seja percebido pelo cliente como uma sensação de comodidade, conforto e bem-estar antes, durante e após a compra.

Os serviços disponibilizados durante a fase que antecede a compra facilitam o acesso do cliente à loja. O ponto onde a loja está instalada constitui, por si só, um serviço. Estar próximo dos concorrentes pode ser vantajoso, sobretudo no caso da venda de bens e serviços de Luxo.

A internet, com acesso cada vez mais democrático, continua sendo um desafio para empresas de consumo de massa — e ainda maior para empresas de Luxo. As marcas precisam contar uma história, envolver o consumidor e criar uma experiência, o que pode tornar a web um ambiente difícil. Mas esse é um desafio que precisa ser superado, dada a dimensão da internet na vida das pessoas.

Na loja física, os serviços disponibilizados durante a compra facilitam a seleção de produtos: as vitrines atraem a atenção e estimulam o desejo, o atendimento é o principal veículo de construção de marca, a ambientação estimula os cinco sentidos e proporciona boas experiências. Os consumidores não vão às lojas apenas para comprar coisas: eles também buscam aprendizado, diversão e contato com outras pessoas.

Após a escolha dos produtos, a estrutura de pagamento facilita a transação e a efetivação da compra. É importante oferecer diferentes meios de pagamento e ter cuidado com o atendimento e a automação do caixa. Um final desagradável destrói toda a experiência e o envolvimento emocional. O processo deve ser memorável. Por isso, a qualidade do contato com os atendentes de caixa também influencia a imagem que o comprador leva da loja.

Por fim, a estrutura de serviços disponibilizados no pós-compra facilita uma eventual troca, o uso dos produtos adquiridos e, principalmente, a relação com a marca. A implementação de um programa de relacionamento contribui para reter os clientes, manter um vínculo com eles e reconhecer sua lealdade, cada vez mais necessária.

A qualidade dos serviços e a excelência no atendimento fazem com que a experiência de compra se torne ainda mais atraente, à medida que geram economia de tempo e energia. O primor no atendimento deve ser sempre garantido.

A venda experiência

A tão falada experiência se tornou o termo mais usado e estudado dos últimos tempos. Sua utilização sem critério é quase um risco, inclusive. Costumo dizer que experiência é um exercício estratégico para emocionar as pessoas, fazê-las perceber produtos e serviços pelos seus valores não tangíveis. Experiência é uma ação desenhada minuciosamente para encantar, impressionar, fascinar.

Em um cenário no qual a venda de produtos e serviços não se sustenta mais apenas pelas características tradicionais, a diferenciação de qualidade não é mais suficiente — uma vez que qualidade deixou de ser exceção —, e a funcionalidade e as soluções apresentadas são o esperado, alinhado-se às expectativas. Por isso, precisamos ir além na jornada do consumo.

A experiência passa a ser um importante combustível para estimular a motivação, o entusiasmo, a vontade, as aspirações. Diante de tantas opções excelentes, precisamos impactar as pessoas pela emoção, pela Venda Experiência, para que elas tomem a decisão pela preferência.

Isso não é uma realidade apenas para o mercado do Luxo. A Venda Experiência deve ser exercitada como possibilidade de diferenciação para qualquer segmento e atividade. No Luxo, tais características são exacerbadas, elevadas, potencializadas. E, por isso, a atividade do Luxo é um assertivo indicador de referências.

Habilidades excepcionais e paixão são atributos essenciais para a venda de produtos e serviços de Luxo. O entusiasmo de vendedores que amam interagir com pessoas e têm vasto repertório e entendimento amplo de assuntos culturais é fundamental para as necessárias conexões e emoções que levam o cliente a uma decisão de consumo. É natural encontrar em países como o Japão programas formais de treinamento de marcas educando seus vendedores em exibições de arte, espetáculos de dança e viagens. Até jornalistas são contratados para capacitar seu conhecimento político.

O aumento do conhecimento mais generalista envolve o cliente em uma jornada de relacionamento focado no prazer da interação. Cultura, criatividade, inovação e emoção são importantes ferramentas para estímulos de venda. No Luxo, quanto mais histórias contarmos para fundamentar e suportar a venda dos produtos e serviços, maior a chance de assertividade.

É essencial trocar com clientes sobre temas variados, e não apenas vender características tradicionais de produtos e serviços, os valores de marca. O Japão é uma escola de humildade, esforço, paciência e respeito. É preciso estruturar e fundamentar a credibilidade e ser humilde, sem arrogância.

No mercado do Luxo, a venda não é para todos, diferentemente do que acontece no mercado de massa. A venda no Luxo é segmentada e acontece de forma mais precisa, para clientes que estejam alinhados às mesmas crenças de diferenciação.

Em contrapartida, um logo no mercado massivo é, por si só, um elemento muito forte. Os logos nos produtos e serviços de Luxo é indicador de histórias, de diferenciação na produção, de excelência, de unicidade e raridade.

Os apelos visuais na atividade do Luxo são fundamentais: logos, monogramas, símbolos de marca, cores, imagens e conceitos. Bottega Veneta é uma marca que não costuma ser associada ao logo, mas à excepcional técnica do couro trançado. Chanel tem forte associação ao preto e branco, ao número 5, às camélias, às pérolas ou ao icônico vestido preto. São tantos os exemplos: o azul Tiffany, o laranja Hermès, o cavalinho Ferrari, a estrela da Mercedes, a coroa da Rolex.

Na atividade do Luxo, as marcas se esforçam para ser mais que um logo. É um ritual de atenção, envolvimento e sedução dos clientes.

"Compramos histórias, não produtos. Acessamos serviços pela vontade de viver uma experiência."

Marca: a característica da diferenciação

O que seria de nós se, na fase final da tomada de decisão do consumo, não existissem as marcas para nos ajudar? São elas que geram segurança quando decidimos por determinado produto ou serviço. "Mas nem todos os produtos e serviços excelentes têm marcas fortes por trás", você pensa. Verdade.

Entretanto, estes são os casos em que a ausência de marcas determinantes gera dúvidas e incertezas para o consumidor no momento mais importante de sua decisão. Quem tem produtos ou serviços especiais e segurança em relação à qualidade deve fortalecer — ou criar — sua marca. Em algum momento, isso pesará na decisão de compra.

Não há como imaginarmos a ausência de marcas. Em uma era na qual já não se discutem mais a qualidade e as características técnicas dos produtos e serviços, nós, consumidores, temos a expectativa de que as experiências nos levem a um novo patamar. Nesse sentido, são as marcas que criam em nós os reais sentidos e interpretações.

Imagine se uma determinada escola de administração abrisse uma operação no interior do Rio de Janeiro, com um nome desconhecido, em uma área até então pouco explorada pela educação e por escolas influentes. De imediato, isso nos traz pouca informação. Vamos agora considerar que essa nova escola pautasse toda a comunicação pela excelência do ensino, pelo alto nível técnico dos professores, pelo intercâmbio e por parcerias internacionais.

Já melhora, mas ainda não basta. Vamos, então, ler esse cenário de outra forma: a renomada escola de administração Fundação Getúlio Vargas abre uma nova operação na zona norte do Rio de Janeiro. Será que, com essa informação, faz-se necessário dizer também que o nível de professores é ótimo e que a escola tem um ensino de excelência? Não mais. A marca FGV é determinante.

O mesmo poderia servir para qualquer outra marca, não importa em qual atividade. Quando compramos carros, computadores, leite, iogurte, escova de dente, sandália de dedo, cimento, azulejo, lâmpadas... são as marcas que exercem a força na tomada de decisão final.

Arriscar-se com o novo, com ideias inovadoras, com tecnologia de ponta, com experiências inéditas e marcas novas toma tempo e, nessas horas, é muito importante que exista algo que marque a diferenciação. Podemos nos deparar com um quiosque em determinado supermercado, com o lançamento de uma nova lâmpada que consome muito menos energia. Somos, de imediato, impactados pela inovação. Entretanto, se esse lançamento for da Osram, além de sermos impactados, vamos nos arriscar a comprar, pois nos sentimos confortáveis e seguros. Mas o que acontece com as novas empresas? Precisam entender a importância de criar, investir e gerenciar suas marcas.

Imagine se o iPhone, em vez de ser da Apple, tivesse sido lançado por uma empresa africana de nome desconhecido? Mudaria a tecnologia? Uma empresa africana não poderia lançar produtos como esse? Claro que sim. Mas a Apple transforma rapidamente a inovação — e a diferenciação tecnológica — em desejo de consumo mundial. E o mais importante: a marca nos traz uma série de interpretações, na maioria das vezes, positivas.

Imagine se o carro mais popular e barato do mundo, da empresa indiana Tata Motors, tivesse sido lançado pela General Motors. Em qual caso esse novo carro deixaria de ser apenas curioso e viraria desejo? A Tata conseguirá gerar desejo, mas precisa investir mais e durante mais tempo para fortalecer sua marca com atributos e características que gerem conforto e segurança nos consumidores.

Isso também acontece quando nos matriculamos em escolas ou pedimos indicações de profissionais na área de saúde: determinados nomes geram segurança. O filme pode ser o pior de todos os tempos, mas, se Fernanda Montenegro estiver no elenco, teremos a intenção de assisti--lo porque a atriz é uma marca de prestígio.

Não importa se o reconhecimento é nacional, regional, internacional ou se acontece apenas em um bairro. Tampouco interessa o tamanho da marca ou quanto você tem para investir. O que realmente conta é o fato de a marca existir. Marcas são um registro de DNA e trazem consigo atributos e características necessários para o consumo.

Quando entramos no campo da atividade do Luxo, as marcas exercem fascínio e seduzem os consumidores: são impregnadas de histórias e tradição, além de despertar o desejo da exclusividade. No final, compramos histórias, não produtos. Acessamos serviços pela vontade de viver uma experiência.

A gestão de marcas se tornou um princípio essencial no sucesso empresarial. Em períodos de mercados massificados e globalizados, produção excessiva, saturação para alguns produtos, descontos e tantas outras equações, os consumidores buscam cada vez mais credibilidade, estabilidade e alguma surpresa. As marcas, quando bem construídas e mantidas, fornecem tudo isso.

Marcas fortes não são apenas resultado de boas criações de logos. Elas geram comprometimento e apresentam características que fazem com que os consumidores se identifiquem. São as marcas que diferenciam os produtos e os serviços, que já são cada vez mais parecidos.

Geralmente, digo que marcas fortes ajudam as empresas em momentos de crise, ao neutralizar as percepções dos consumidores. E você: tem vendido produtos e serviços ou apresentado ao mercado uma marca forte?

Os rumos da alta-costura

Em um processo cíclico, o constante debate sobre a possível extinção versus o sucesso da alta-costura gera opiniões diferentes. As previsões apocalípticas que afirmam seu fim começam toda vez que o segmento sofre alguma movimentação de mercado, como em 2004, quando Ungaro e Versace deixaram de fazer parte do calendário de apresentações.

Protegido legalmente, o termo alta-costura é uma marca registrada que só pode ser utilizada pelos estilistas que integram o Chambre Syndicale de la Haute Couture (Câmara Sindical de Alta-Costura), criado em 1968. Os membros — fixos e convidados — devem ter um ateliê em Paris, responsável por produzir toda a coleção, respeitando as regras impostas pela entidade. Entre elas, possuir um número mínimo de funcionários, apresentar pelo menos 35 modelos para o dia e para a noite por coleção e ter uma loja no Triângulo de Ouro, formado pelas Avenue Montaigne, Avenue Georges V e Avenue des Champs-Élysées, em Paris. Além disso, a entidade avalia anualmente cada casa de criação, revisando a lista dos que devem fazer parte do seleto grupo.

O grupo já contou com mais de cem integrantes, mas, atualmente, apenas quinze marcas podem valer-se do selo. Detalhe: boa parte das casas não é mais de origem francesa. Valentino foi o primeiro estrangeiro, em 1989, a levar sua elegância para as passarelas de Paris. Depois, Giorgio Armani e nomes como os do libanês Elie Saab e do italiano Giambattista Valli contribuíram para o ressurgimento dessa instituição francesa, que havia sido soterrada pelo prêt-à-porter. Foi um processo de reconhecimento desses talentos globais.

A alta-costura oferece uma moda rara, única e feita à mão. A qualidade, a diferenciação e a atemporalidade das peças fazem com que sejam relacionadas muito mais com obras de arte do que apenas com roupas que possuem alto valor e seguem tendências. Os profissionais envolvidos são meticulosos artesãos apaixonados pelo que fazem. Como já dizia Coco Chanel: "Nessa profissão, quem não for apaixonado pelo que faz não realiza coisas belas".

As atuais coleções são símbolos de novos tempos. Já se foi a época em que os vestidos eram feitos com metros e metros de tecido. Agora o preciosismo está na manufatura, no corte, nas técnicas e na escolha dos materiais usados. As roupas aparentam ser mais simples, mas com o mesmo símbolo de exclusividade de outros tempos. Podemos afirmar que a alta-costura nunca substituirá o prêt-à-porter, mas, sim, continuará estimulando as vendas e trazendo uma imagem de sonho e poder às grifes. Não existe vanguarda sem tradição, e, na alta-costura, os designers podem sonhar e ser artistas.

A primeira classe do século 21

Mesmo após algumas operadoras aéreas eliminarem a primeira classe a fim de se concentrar na executiva e, principalmente, na econômica, outras não só a mantiveram como estão fazendo de tudo para surpreender e criar uma experiência que ultrapasse todas as expectativas.

A primeira classe do século 21 busca encantar os passageiros. *Concierges* que aceleram seu check-in, champanhes de qualidade, *amenities* assinados por marcas como Bvlgari e Ferragamo, e surpreendentes cardápios, elaborados por renomados chefs de cozinha, estão entre os mimos oferecidos.

As companhias aéreas estão esperando que esses serviços atraiam um número cada vez maior de passageiros. A Singapore Airlines, por exemplo, oferece opções de champanhe Dom Pérignon e Krug, pijamas e chinelos Givenchy e banheiros maiores, além de cobertores macios, grandes travesseiros e assentos que se transformam em confortáveis camas.

A Emirates proporciona uma viagem excepcional do começo ao fim. Reconhecida ao longo dos anos pela qualidade da sua cozinha, pela sua vasta opção de entretenimento e pela excelência em seus serviços, a companhia conta ainda com assentos que funcionam como minissuítes privativas, com portas de correr.

Apesar do alto custo de um bilhete de primeira classe, esta ainda é muito mais uma ferramenta de marketing do que uma garantia de receita. Mesmo com um faturamento não muito significativo, as primeiras classes oxigenam as marcas e trabalham positivamente a imagem das empresas.

Com a crescente reclamação de que a ida para os aeroportos é infernal e o tempo perdido antes dos voos também é cada vez maior, as operadoras vêm tentando se distinguir, oferecendo uma experiência melhor ainda em terra.

A Qatar Airways é um exemplo. Passageiros que voam de Doha têm acesso a um terminal que se assemelha a um hotel cinco estrelas. Na construção, que custou 90 milhões de dólares e tem piso de mármore e cascatas, os passageiros são cuidados desde a chegada. Além de carregadores, restaurantes de alta gastronomia e centro médico, o espaço oferece um spa completo. O fator Luxo continua a bordo, com degustação de caviar, oferta de lençóis de linho branco, cobertores de lã australiana e kits de higiene assinados pela Bvlgari. Detalhes como esses garantem à companhia um lugar no ranking anual da Skytrax, que lista os melhores dessa categoria ao analisar o check-in, as salas de espera, o conforto e o serviço de bordo.

Com sede em Bangcoc, a Thai Airways se tornou uma das melhores companhias da Ásia, levando a sério a filosofia de "voar *sabai*" — palavra tailandesa que significa corpo e mente sãos. Na capital da Tailândia, passageiros da primeira classe são recebidos por um *concierge* que os acompanha pela alfândega e imigração, os acomoda numa sala de embarque com wi-fi, sauna e spa e ainda oferece massagens tailandesas.

Pode não ser como se hospedar em um hotel cinco estrelas, mas, com todas essas comodidades nas alturas, o serviço de primeira classe se aproxima dessa experiência.

Inovação e Democratização

"Todos queremos nos reinventar, fazer genuinamente diferente e tornar a inovação um processo."

"Ferreirinha, não existe inovação sem risco." Quem me disse isso, anos atrás, foi o grande designer brasileiro Lincoln Seragini. Essa frase me impactou de tal forma que, ainda hoje, provoca inquietação. Tatuei isso em minha alma empresarial. Inovar é arriscar, transgredir, criar possibilidades.

Inovação sem risco verdadeiro não é inovação — é evolução. E não vejo essa constatação com demérito. Evoluir é necessário para todas as empresas, marcas e pessoas. Dar o passo da inovação, porém, é arriscar sem a certeza do certo e do errado.

Trazendo exemplos práticos, vemos a evolução constante em marcas tradicionais do mundo do Luxo. A Louis Vuitton atualiza o mesmo modelo consagrado de sua bolsa há mais de cem anos. Entram em cena materiais modernos, releituras do design. Mas a empresa não reinventa a bolsa. Mantém a peça em um ritmo contínuo de evolução, com disciplina e foco, respeitando sua história e suas tradições.

Essas empresas também têm impressionantes rompantes de inovação. No caso da Louis Vuitton, lembro-me da campanha publicitária feminina estrelada por Jaden Smith, filho do ator Will Smith, na época com 17 anos — um exercício vanguardista sobre o tema "sem gênero".

E os produtos? Uma marca como Chanel — fundada em 1910 e inicialmente focada em alta-costura, mas muito consolidada na perfumaria — lançando esmalte? Inventando um primeiro relógio de cerâmica, branco? Isso tudo é ruptura. Ousadia.

Quando, em 2002, a Porsche lançou o Cayenne, provocou uma ruptura do mercado e gerou gritaria. Pela primeira vez, um SUV — carro mais associado a mulheres — foi desenvolvido por uma marca-ícone de esportivos de Luxo, tradicionalmente focada em homens e seus carros viris, rápidos, com barulho do ronco do motor.

O Cayenne logo virou o carro mais vendido da empresa. Esse é um exemplo de inovação. A Porsche pôs em risco toda a sua base de clientes fiéis. E, atualmente, quase todas as montadoras de Luxo lançaram o seu SUV – o FPace por exemplo, da Jaguar, já é o carro mais vendido da marca.

Costumo usar esse tipo de inovação como contraponto a empresas que encontram resistência a qualquer mudança. Existem marcas que não conseguem sequer mudar o logo e a Burberry, 162 anos depois de ser fundada, decidiu criar um logo novo. Existe empreendedor com medo de mexer na testeira da fachada de sua loja, e a Louis Vuitton recentemente apresentou uma loja verde em Nova York. O principal argumento que ouço é o temor de que o cliente reaja de forma negativa.

Pela minha observação, acredito que as mais bem-sucedidas empresas são aquelas que têm capacidade de fazer inovação e evolução com equilíbrio.

Outro termo dos últimos anos que suscita mal-entendidos é a democratização. Muitos confundem tal tática com a popularização. São coisas bem diferentes. Popularização significa diminuir o patamar de preços para atingir um número maior de pessoas. Democratização é deixar o produto mais próximo do público — aumentando os pontos de venda, por exemplo.

Muitas empresas incrementaram o acesso a suas mercadorias nos últimos anos sem mexer um centavo no preço. Veja o sorvete Häagen-Dazs. Até pouco tempo, era difícil encontrá-lo no Brasil. Pois a marca começou a ser vista em lojas de conveniência de postos de gasolina e, mesmo custando mais do que as dominantes em solo brasileiro, conquistou mercado.

No mundo do Luxo, vemos muitos exemplos como esse. Marcas como Gucci, L'Oréal, Louis Vuitton e as marcas do grupo Richemont estão cada vez mais disseminadas. Expandem. Crescem. Afinal, a profissionalização exige o aumento das vendas, do faturamento, do lucro.

O importante é preservar a história, manter os códigos que encantam os clientes. O desafio é ampliar o mercado sem perder a aura de exclusividade. É sobre isso que vamos tratar a seguir.

Luxo em novos tempos

Muito mais do que uma crise, estamos vivendo o início de uma nova realidade. Novos códigos, símbolos e conceitos surgem nos cenários de adversidade que temos presenciado nos últimos tempos. Nossa capacidade de reaprender está sendo testada.

Passamos décadas buscando a melhoria de produtos e serviços, a diferenciação pela qualidade e a excelência. A grande surpresa é que muitas empresas, profissionais e marcas alcançaram esse patamar mais rapidamente do que se previa. Com isso, qual será o valor competitivo a partir de agora?

O paradoxo da excelência é que já não basta ser apenas excelente. A era do produto, do serviço e da fatia de mercado ficou no passado. O momento atual requer o desenvolvimento de habilidades para gerenciar o intangível, criar estratégias de gestão emocional e despertar sensações nos clientes. Uma nova formação profissional é fundamental. Temos de reaprender a ler comportamentos, muito mais do que renda. O cliente assumiu de vez seu papel de protagonista da relação, uma tendência traduzida pelo instituto italiano Future Lab Concept como *Consum-autore*.

A sustentabilidade passa a fazer parte da tomada de decisão de compra, levando as empresas a fazer exercícios nessa direção. O consumo definitivamente entra na era da democratização. Como contrapartida para compensar tal movimento, o überluxo cresce em um determinado grupo de consumo.

Diante da adversidade, o conhecimento é nossa principal arma. Devemos nos tornar máquinas de leitura e estar capacitados para lidar com um cliente que nos desafia com conhecimento, dúvidas e incertezas, grau de exigência muito elevado, e que demanda precisão. A prestação de serviços tem de ser impecável. Os pequenos Luxos se tornam importantes para seduzir esse novo consumidor.

Nossa atitude profissional deve incluir diferenciação, customização, inovação, emoção e exclusividade. Vivemos em uma era de transformação e, hoje, a decisão de consumo começa pelas experiências. Precisamos domar a emoção pela estratégia. São novos tempos.

A hierarquização do Luxo

O Luxo existe desde a Era Paleozoica e vem se transformando e se adequando até chegar aos nossos tempos. Sua evolução fez com que deixasse de ser apenas um estilo de vida concedido a poucos e se democratizasse, tendo como combustível a essência do capitalismo: o lucro. Essa transformação parece ter facilitado o acesso ao Luxo.

Por outro lado, o mesmo sistema que permitiu a democratização intensificou a sua inacessibilidade, pois o valor dos artigos independe de qualquer correção inflacionária ou econômica. O que hierarquiza o bem de Luxo não é apenas o seu preço, mesmo que este seja um importante balizador, mas também os desejos e a essência em si, fundamentais para o processo de vendas. Nesse contexto, podemos identificar três hierarquias do Luxo: inacessível, intermediária e acessível.

Por um lado, manter-se no topo da pirâmide do consumo de bens de Luxo inacessíveis é cada dia mais difícil. Por outro, essas pessoas têm um poder de compra cada vez maior. Da mesma forma, os consumidores de bens de Luxo acessíveis e intermediários raramente conseguem ultrapassar a barreira do inacessível. E é exatamente essa a lógica do Luxo: o acessível está cada vez mais acessível e o inacessível, progressivamente mais inacessível, alimentando ainda mais o desejo.

Quanto mais inacessível for uma hospedagem no Ritz ou um colar cravejado de diamantes, mais pessoas desejarão esses produtos e serviços. Um item acessível funciona como um dispositivo para aumentar a velocidade de compra de um cliente em potencial.

Independentemente de estarmos na era em que tudo é mutável, o Luxo só deveria ser reconhecido como tal quando seguisse algumas regras, como inacessibilidade, preço, gestão do desejo, distribuição precisa e seletiva, atemporalidade, alto grau de excelência, sedução, beleza... Mais que isso: o Luxo tem os valores de tradição, história, artesania e excelência de detalhes como seus maiores ativos.

Por isso, massificá-lo poderia ser uma estratégia arriscada, até mesmo abominada há algumas décadas pelas maisons, que consideravam o Luxo algo para poucos. Ao mesmo tempo, isso se fez necessário.

O Luxo nunca foi tão valorizado, mas precisou se renovar. O mundo é outro, o dinheiro mudou de mãos, novos comportamentos de consumo surgiram, tudo está rápido, o consumo está focado em sensações e emoções — e o Luxo precisava acompanhar esse momento. Ele virou segmento expressivo de negócios, levando ao aumento e à potencialização de sua base de consumo e acesso. E isso se aplica muito bem aos países latino-americanos, como o Brasil e o Chile.

Hoje, o que temos são operações de negócios importantes para a economia, com grandes investimentos em marketing, comunicação, desenvolvimento de produtos, logística e distribuição. É fascinante um determinado produto ser desejado fortemente por indivíduos em diversos pontos do mundo. O nome disso é estratégia. Toda expansão do Luxo contemporâneo nos obriga a reconsiderar valores e crenças.

Entender as práticas do setor e aplicá-las no dia a dia profissional é ter uma poderosa vantagem competitiva. Conhecer o sucesso de certas corporações é estar por dentro do que há de mais moderno em gestão empresarial. Entender os insucessos é a forma mais eficaz de preveni-los.

Da logomania ao não logo

A ideia e os conceitos que envolvem o Luxo ultrapassam a barreira do tátil — dos carros de marca, dos iates, dos aviões executivos, da alta-costura, das bolsas de grife, dos restaurantes estrelados e das viagens para destinos tradicionais. O Luxo desafia os velhos conceitos de exclusividade, abrange novas camadas sociais e se molda a uma diversidade de perfis e características.

Não estamos diante do fim do "boom" do Luxo, muito pelo contrário. O segmento continua experimentando crescimentos, apresentando um campo favorável para a exploração neste momento de incerteza econômica. Contudo, parcela crescente dos consumidores não busca mais diferenciar-se pelo logo, mas pela singularidade do produto ou serviço. Essa reflexão deve ser considerada nas estratégias de longo prazo.

A vertente do não logo não aponta uma mudança nos conceitos primários do Luxo, mas, sim, alterações na relação do consumidor com as marcas. Este, na maioria das vezes, prefere satisfazer seu hedonismo ou construir uma imagem social (status) a escolher um produto ou serviço por sua utilidade. O Luxo passou a ser percebido como experiência, e seu valor deixou de estar vinculado exclusivamente a uma marca.

Analisando a evolução do conceito do Luxo na história, vemos sua associação direta com o poder e o acesso ao único, exclusivo. Antigamente, era por meio das posses, e principalmente do supérfluo, que se media o nível hierárquico de alguém. Com a Revolução Francesa e a Industrial, as percepções de poder mudaram. Qualquer pessoa, na teoria, teria acesso a riquezas e, consequentemente, ao poder.

Nesse momento, aconteceu a primeira mudança na percepção do Luxo: ele começou a adotar um caráter hedonista e passou a ser visto como estilo de vida, além de um instrumento de diferenciação dos demais. Todos querem acessar o que é especial.

Ao mesmo tempo, o Luxo sempre esteve diretamente ligado à dinâmica do coletivo, da diferenciação, da comparação com o outro e da competição humana, o que faz parte da evolução do capitalismo moderno. Essa é a principal razão pela qual se sustenta o consumo de Luxo em períodos de austeridade econômica.

Então, acontece o que chamamos de movimento Premium: quando produtos e serviços convencionais se utilizam de atributos do Luxo para atingir uma nova parcela de mercado. Esse movimento se intensificou com o aumento da classe média nos países emergentes e ampliou a relação dos consumidores com o Luxo, democratizando seu conceito.

Bernard Arnault, CEO do grupo LVMH, resume o Luxo atual como "o comum para pessoas extraordinárias e o extraordinário para pessoas comuns". É com esse pensamento que ele consolida a estratégia-mestre do grupo. De um lado, a preservação das imagens de identidade e exclusividade, que parece ser o maior desafio atual das marcas de Luxo. De outro, o aumento de consumidores com a democratização do acesso.

Uma pesquisa publicada por Jee Han, da Universidade da Califórnia, aponta que a preferência por logos preeminentes está diretamente relacionada a dois grupos, que buscam riqueza e status. Mas apontou que existe um terceiro grupo, com menos dinheiro, e maior necessidade de status — é interessante aqui fazermos um paralelo com a classe aspiracional brasileira. Esse grupo busca grandes logos de marcas Premium.

Algumas marcas, como Armani Exchange, Polo Ralph Lauren, Abercrombie & Fitch e as brasileiras Sergio K e Victor Hugo já realizam exercícios surpreendentes dentro desse nicho de mercado. São consumidores que não buscam um produto durável, mas, como descreve o autor da pesquisa, desejam *fast class* (ou glamour rápido, em tradução livre) e estão dispostos a pagar por um produto com o logo em destaque.

Essa relação entre logo, preço e target pode ser encontrada também em um estudo publicado pela Interbrands em 2010. Em uma loja online da Louis Vuitton, um logo a mais no produto diminui seu valor em 26 dólares. Para a Gucci, são 122 dólares de prejuízo. O mesmo vale para outras categorias. No caso da Mercedes-Benz, o logo no modelo Classe A tem 16 centímetros de diâmetro. Já no modelo S, tem 6. Ou seja, cada centímetro a menos equivale a um aumento de 5 mil dólares no valor final.

Todo esse raciocínio dá uma ideia de como o cenário está complexo. O conceito de Luxo global, massificado e acessível existe e pode ser comprado pelo eBay de qualquer parte do mundo. Há também o Luxo do cobranding, com marcas de fast-fashion disputando os corredores de grandes centros comerciais. E, ao mesmo tempo, existe uma reviravolta nas marcas tradicionais, com o conceito das experiências únicas, acessíveis a poucos e longe de etiquetas e logotipos.

Esse contexto dá uma dimensão dos principais desafios que as marcas de Luxo têm enfrentado. Elas precisam se adaptar a diferentes nichos e usar estratégias de gestão para atingir o maior número deles, estudando os comportamentos de consumo, os anseios e as aspirações de seus clientes, mas também preservando sua essência dentro do universo do Luxo.

Artigo desenvolvido em parceria com Alfredo Orobio, colaborador da MCF baseado em Londres por doze anos e atualmente fundador e CEO da Awaytomars.

A democratização do Luxo

A classe média que emergiu nos últimos anos valoriza sua origem e tem símbolos próprios, inerentes a sua cultura, história e identidade. Apresenta diferentes padrões de beleza e comportamento, sem se preocupar em entender todos os signos do produto que adquire. O acesso foi democratizado. Produtos de Luxo, antes restritos à elite, já fazem parte da classe média brasileira, como viagens internacionais, perfumes, cosméticos e bebidas importadas.

Um bom exemplo de democratização vem da Giorgio Armani. Para tornar a marca mais acessível, a empresa lançou a Armani Exchange, uma linha de apelo democrático, moderna, urbana e casual, que mantém a elegância e a sofisticação da marca Armani.

A grife italiana foi uma das primeiras do mundo a reconhecer a necessidade de tornar seus produtos mais acessíveis, para alcançar essa nova classe de consumidores que a deseja.

Há ainda a democratização do acesso às informações, graças à internet, que motiva o consumo aspiracional. Sem contar que grande parte das vendas do varejo tradicional é influenciada por pesquisas de preço, opinião e informações online.

Estamos preparados para atender essa nova demanda? As marcas de Luxo precisam absorver novos conhecimentos se quiserem aproveitar o potencial de consumo da classe emergente para aumentar sua lucratividade. É preciso ser influente, próxima e amigável, mas, principalmente, entender os consumidores e o que desejam.

Em nosso país, as marcas que prosperam são as democráticas, e esse novo hábito de consumo gera ainda mais oportunidades.

O movimento Premium

O surgimento da nova classe média, com maior poder de compra, levou as empresas a se reposicionarem para atender tal demanda. A democratização das marcas de Luxo é um fenômeno em evidência, que atrai e facilita cada vez mais o acesso a produtos outrora inacessíveis. Esse movimento gera uma segunda etapa, na qual empresas do mercado de massa adotam o caminho inverso e passam a desenvolver produtos mais sofisticados. O *trading-up* (ou tornar Premium) cresceu tanto que fica difícil para os gigantes do consumo ignorá-lo.

Um exemplo dessa estratégia é a movimentação da maior fabricante de alimentos industrializados do mundo. Com o lançamento da Nespresso, a Nestlé criou uma nova empresa com o objetivo de gerir apenas seu negócio de café gourmet. Dinâmica, diferente e com centenas de lojas próprias em diversos países, a Nespresso expandiu a participação junto aos consumidores de alta renda.

Um dos principais motivos para esse movimento em direção ao mercado de prestígio é a busca por maiores margens de lucro. Existem outros exemplos bem-sucedidos de marcas que criaram alternativas com maior valor agregado e ampliaram possibilidades ao segmentar suas linhas de produtos. C&A, Melissa e o picolé Magnum (da Kibon) abriram lojas-conceito, O Boticário trabalhou em seu reposicionamento e a Alpargatas virou case nacional de sucesso, ao transformar as Havaianas em artigos de moda.

Hoje é possível afirmar que o consumo não ocorre mais apenas pelo estilo de vida, mas, sim, por ocasião. Em um mesmo dia, qualquer pessoa pode acessar diferentes níveis de produtos e serviços. Por isso, as empresas de produtos de massa devem ter cautela ao entrar nesse restrito mundo do Luxo. Um dos principais cuidados diz respeito à maneira como os produtos serão vendidos.

Há casos como o da multinacional Whirlpool, responsável por marcas como Consul e Brastemp, que construiu uma rede paralela de distribuição para seus produtos KitchenAid. Mais sofisticada, a marca é um ícone dos eletrodomésticos. Com preço médio 60% mais alto que a principal linha da Brastemp, seria inviável a distribuição dos produtos KitchenAid na rede até então existente.

Outra possibilidade é a associação das marcas aspirantes a ações já consolidadas no mercado do Luxo. A Faber-Castell usa essa estratégia com sua linha de canetas especiais Graf von Faber-Castell, elaboradas com materiais nobres. A marca participa de eventos de grande potencial para atrair e se aproximar dos consumidores de alta renda. Nesse caso, mesmo com um faturamento não muito significativo, a linha de produtos Premium oxigena a marca e agrega valor à imagem de todo o grupo.

Mas, na hora de tornar algo Premium, cuidado: é necessário estar atento para o limite entre Luxo e ostentação. Quando uma joalheria cria uma versão do iPhone cravejado de diamantes e outras pedras preciosas, ela está apenas alterando uma das principais características do produto, que é seu design simples e elegante.

De qualquer maneira, as marcas, mesmo aquelas que não atuam no universo do Luxo, podem se apropriar de seus atributos a fim de aumentar seu valor. Para os líderes de negócio, a estratégia pode ser uma oportunidade para crescer, transformar sua categoria e se conectar com novos consumidores, como fez a Starbucks, por exemplo. O produto Premium é uma importante ferramenta nestes tempos em que não basta apenas ser excelente, é preciso se reinventar e, principalmente, não ter medo de arriscar e se aventurar.

"O produto Premium é uma importante ferramenta nestes tempos em que não basta apenas ser excelente, é preciso se reinventar e não ter medo de arriscar e se aventurar."

Vida limpa

O cientista Isaac Newton deixou claro que, "para toda ação, existe uma reação". A reflexão pode ser levada a sério nos dias de hoje. Depois de décadas de consumo exacerbado, expressiva democratização de acesso e, para muitos, excesso em todos os formatos, há uma forte corrente contra tudo isso.

Já vemos muitos viajantes buscando destinos que permitam uma desconexão digital, o que torna possível achar que pessoas pagarão por hotéis sem acesso à internet. Será? Sim, e está bem mais perto do que podemos imaginar. O ILTM (International Luxury Travel Management), em seu relatório anual de 2017, afirma que três temas serão cada vez mais importantes no turismo: *meaningfulness* (significado), *simplicity* (ausência de complexidade) e *transformation* (é preciso ir além, transformar). Pelo visto, há fortes sinais de que uma parcela de consumidores já está adotando um estilo de vida mais minimalista, moderado e clean.

A geração StraightEdge, surgida nos anos 1980, ganha força com uma visão de mundo mais ampla, trazendo reflexões sobre o consumismo e o hedonismo desmedidos. Quando surgiu, o movimento pregava uma vida com ausência de fumo, drogas e álcool. Traduzido para os tempos modernos, prega, por exemplo, o *slowfood*, o *slowconsumption*, a redução do uso de plásticos, o uso mais consciente dos recursos naturais e o compartilhamento, substituindo as posses. Hábitos alimentares saudáveis também crescem.

Evolução dos tempos ou início de uma nova era?

O Brasil acompanha muito bem esse movimento. Temos muitos exemplos ao nosso redor, como os restaurantes preocupados com a sobra de comidas e o aproveitamento total dos alimentos. Há a BENTO STORE, que cresce com o conceito sustentável de marmitas e garrafas térmicas, e a própria Renner, que agora comercializa uma linha de moda confeccionada com fios originados da reciclagem de resíduos têxteis.

Os novos tempos estão começando. Quem sabe tempos de uma vida mais limpa?

Omnichannel, o caminho sem volta

O consumidor já não quer e não tem paciência para diferenciar o offline do online. Esse é um comportamento de consumo que gera rupturas e altera as relações de mercado. Empresas e marcas são forçadas a reinventar o diálogo e a dinâmica de compra e venda.

Os consumidores se sentem mais poderosos e bem informados — eles têm controle. Definem quando, como e em que formato a interação acontecerá. Conveniência passou a ser a palavra de ordem.

Não se trata apenas de novos canais de vendas ou de contato com o consumidor final: estamos falando de um formato mais evoluído e dinâmico. Entramos na era da integração e do engajamento total, levando o consumidor a praticamente desenhar o tipo de experiência e de relação de consumo que ele quer ter. Lojas físicas, *call centers*, vitrines, e-commerce, sites, redes sociais, mobile... Na visão do consumidor, tudo deveria ser apenas um ponto de contato para resolver suas demandas. O ambiente físico e o virtual se fundem, criando múltiplos canais de compras. A loja tradicional leva o cliente ao virtual e vice-versa.

Estímulos de consumo acontecem como nunca por engajamento em redes sociais, e o brasileiro demonstra uma capacidade singular nesse tema, mantendo-se conectado por quase dez horas diárias. O país é o segundo do mundo mais ativo e engajado no Facebook, ocupa a primeira posição mundial na tomada de selfies, colocando Rio de Janeiro e São Paulo entre as cinco cidades mais retratadas no Instagram.

Marcas que passaram décadas fundamentadas no marketing e na comunicação tradicional precisam aprender a criar vida nas redes sociais para motivar os consumidores a compartilhar e validar opiniões com amigos e pessoas de seu relacionamento. As marcas devem dialogar com a vida dos consumidores, o que demanda inteligência de segmentação e estudos de comportamento.

Se levarmos essa reflexão para o mercado de Luxo, o tema é ainda mais inquietante. Marcas que tiveram um modelo bem-sucedido de negócios nos centros de compras tradicionais agora precisam também estimular o consumo no mundo online. Como ficará a tão importante experiência, que sempre determinou a tomada de decisão nessas marcas? Há uma experiência de consumo digital?

São muitos aprendizados, que mostram a necessidade de rápida atualização. As lojas passam a ser destinos para aumentar a experiência com a marca, mas não são o único ponto de contato. Com isso, o "fora de estoque" deve ser banido. Vendedores devem se tornar cada vez mais contadores de histórias para garantir atratividade nos ambientes físicos. Já os canais virtuais precisam ser amigáveis, fáceis de navegar e com uma inteligente consolidação de dados.

A tecnologia não é mais mera aliada ou *nice to have*. Para estimular sensações, interação e experiências, ela precisa suprir as expectativas dos consumidores e favorecer a integração. O varejo passa de um local no qual o principal objetivo sempre foi a venda do produto para um espaço de estímulo de venda em todos os canais possíveis. E esse mesmo caminho se dá do virtual para o físico.

Mudar ou não ser mais relevante, eis a questão!

É hora de desenvolver novas competências

Como se manter relevante e atual quando a dinâmica do mercado mudou por completo? Já não se trata mais de um novo ciclo. Estamos definitivamente no início de uma nova era, de construção e de perda de referências.

Nesse ritmo de rupturas, a atividade do Luxo não fica obsoleta. As marcas se esforçam para continuar desejadas, atualizadas e relevantes para a atual geração de consumidores. Não somente os jovens, mas também novos perfis de consumo: formadores de opinião, pessoas que nutrem diferentes e elevadas expectativas.

Influenciadores digitais, youtubers e bloggers assumem papel relevante como novas celebridades mundiais. Cristiano Ronaldo é um dos mais importantes colecionadores de carros de Luxo. A quase bicentenária marca francesa Hermès apresenta conceitos inovadores de pop-up store (loja temporária) e desenvolveu uma coleção em cobranding com a Apple. A italiana Fendi surpreendeu com a sua motorbike, vendendo mobilidade em praias mundo afora. Bentley, Lamborghini e Jaguar são algumas das montadoras tradicionais de Luxo que não resistiram ao apelo e à pressão de ter um SUV — sim, o veículo que traz as mulheres e as crianças como protagonistas, algo impensável há alguns anos.

A aclamada Chanel pôs Willow Smith como rosto institucional da marca. Nada de novo se ela não fosse uma jovem de 18 anos (fugindo do target tradicional da marca) e negra. Jaden Smith, irmão de Willow (ambos são filhos dos atores Will e Jada Smith), figurou recentemente na campanha feminina da marca Louis Vuitton, usando a coleção feminina e, assim, cristalizando o movimento *no gender* (sem gênero). A mesma Louis Vuitton surpreendeu com uma parceria com a marca americana de skatewear Supreme, e um dos produtos mais vendidos no site Farfetch foi o tênis assinado pelo produtor e cantor Kanye West, representante da cultura de gueto americana.

Um dos novos aclamados hotéis de Luxo em Nova York, o 1 Hotel Brooklyn Bridge, é totalmente sustentável, verde e com conceitos recicláveis. O Hotel Public, também de Luxo, nasce com a proposta de democratização, exercitando o conceito de área pública em seus ambientes. São influências que veremos cada vez mais no mercado imobiliário, que trará mais espaços para todos, menos espaço nos quartos e, possivelmente, menos vagas de garagem.

Esses são alguns exemplos do que chamo de adequação contemporânea, que tem levado marcas de Luxo a exercitar ainda mais o novo, a quebrar paradigmas, a tentar formatos diferentes e, mais do que nunca, a surpreender.

As marcas em geral e as de Luxo precisam ter claramente voz, causa e propósito. Necessitam incrementar e potencializar suas presenças no mundo digital, até então um contraponto na cultura tradicional do consumo de Luxo. Precisam exercitar com mais abrangência ações de cobranding e parcerias. Precisam injetar o novo continuamente. E precisam, também, educar e capacitar suas equipes para se tornar exímias contadoras de histórias.

O momento pede um Luxo que preserve e respeite códigos e essência, mas que seja mais democrático, humanizado e menos pretensioso. Nesse cenário, a personalização, a customização e o profundo conhecimento do cliente viram protagonistas.

A atividade do Luxo está sob consideração. Conscientização, universalidade, extensão de marca e imersão ganharão força. O conceito tradicional de status será alterado. Estarão em destaque as marcas e até mesmo os indivíduos que tiverem habilidades digitais, que demonstrarem compromisso com a sustentabilidade, que derem espaço ao bem-estar, que forem generosos e tiverem histórias verdadeiras e genuínas.

Em relação à valorização do bem-estar, a alimentação ganha importância. Até então, éramos vistos por aquilo que vestíamos. Acredito que seremos cada vez mais percebidos pela forma como nos alimentamos. A moda foi o cartão de visitas do século 20. Entretanto, mais do que nunca, estamos nos preocupando com a alimentação. O crescimento exponencial dos conceitos relacionados ao *gluten free*, à cadeia produtiva orgânica, à rede sustentável e ao *farm to table* deixa claro que esse movimento será irreversível.

Estamos mais atentos, responsáveis e cautelosos com o que ingerimos. A rede Whole Foods foi comprada pela poderosa Amazon, expondo

"O momento pede um Luxo que preserve e respeite códigos e essência, mas que seja mais democrático, humanizado e menos pretensioso."

a importância dessa nova visão de mercado, que prioriza o respeito pela cadeia produtiva próxima, fornecedores responsáveis e orgânicos.

Gigantes grupos de consumo, como a Coca-Cola, têm investimentos expressivos em sucos e água mineral. Até a Ambev, reconhecida pela cerveja, já fabrica sucos. A PepsiCo tenta emplacar o movimento assado, em vez de frito. As barras de cereais crescem a um ritmo significativo, e as marmitas da BENTO STORE trouxeram *lifestyle* e contemporaneidade para um hábito que sempre existiu. Há ainda um forte movimento para redução do uso de plástico, com a abolição dos canudos e outras embalagens, e a diminuição do desperdício, gerando ações tão especiais como a Gastromotiva.

Como dizia Charles Darwin, "não sobrevivem aqueles que se acham os mais fortes e os mais inteligentes. Sobrevivem aqueles que se adaptam".

O século do design

Para alguns especialistas, o século 20 será lembrado como o século da moda. Poucas atividades econômicas não foram, de alguma forma, influenciadas pelo seu poder. As mudanças geram forte impacto na maneira como consumimos e fazem com que a necessidade de produtos não seja mais a chave da tomada de decisão, mas, sim, o desejo. A moda influenciou de forma muito eficiente essa relação, ao mexer com vaidade, beleza e cores, atributos que precisam ser entendidos e decifrados cada vez mais por todos no mercado.

Para outros especialistas — e também na minha visão —, o século 21 vai se firmar como o século do design. Devemos estar preparados. O design também foi influenciado por uma alucinante sucessão de movimentos, da art nouveau ao pós-modernismo, da escola Bauhaus ao psicodelismo. Agora será a interpretação definitiva de uma era em que o desejo, a forma, os estímulos visuais e emocionais são as características da diferenciação.

Quer assumir riscos e aparecer com grandes ideias? Considere a ferramenta do design em sua plenitude. Uma cadeira só faz sentido se for entendida também dentro de um conceito maior: a cadeira em uma sala, a sala em uma casa, a casa em um bairro, o bairro em uma cidade e a cidade em um plano maior. Como costuma dizer Adélia Borges: "É só olhar para o lado e você verá que o design está em tudo".

O design tem a força de alterar preconceitos, mudar a visão dos produtos e gerar desejo de consumo da noite para o dia. Foi o design, por exemplo, o responsável pelas mudanças do rádio. No início, o aparelho era parecido com um móvel. Com o surgimento do plástico, ganhou novas versões. Aconteceu o mesmo com a vitrola, as luminárias, o abridor de garrafas, o saca-rolhas...

Uma vez associado à tecnologia, às novas matérias-primas e à moda, o design torna-se ferramenta indispensável. Antes, o que contava era evolução e inovação. No século 21, o design é requisito fundamental para mudanças, para contar histórias, construir identidades e encontrar soluções.

O dicionário esclarece que a palavra design, de origem inglesa, é a "disciplina que visa a uma harmonia estética do ambiente humano, desde a concepção dos objetos de uso e dos móveis até o urbanismo".

Do Luxo à commodity, não interessa a atividade na qual você está inserido, design é a ferramenta gerencial do hoje: detecta as necessidades, resolve com base na criatividade e implementa novidades.

O mundo, as empresas, os executivos e os profissionais devem olhar as possibilidades e as alternativas com mais criatividade. A educação no design contribui — e muito — com esse resultado.

O duelo entre monomarcas e multimarcas

Há muito tempo participo de discussões sobre o futuro das multimarcas e das monomarcas. Para alguns, as primeiras desapareceriam do mercado enquanto as segundas ganhariam força, e as lojas de departamento americanas, por exemplo, estariam com os dias contados. Outros acreditam que mais multimarcas surgirão e monomarcas deixarão de crescer em novos mercados. Afinal, qual o modelo de negócios certeiro?

Quando o consumo desaquece, as multimarcas enfrentam lentidão e inadimplência. Entretanto, uma vez que o mercado aquece e o consumo retoma, as multimarcas crescem. Qual é a razão disso? Esses pontos de venda são excelentes oportunidades para consumidores ávidos por novidades e que compram por impulso.

A verdade é que nada se compara ao modelo de uma monomarca: ela sempre será a melhor forma de apresentar o conceito de um projeto, uma ideia, um estilo... Varejos assim são templos de consumo. Precisam, portanto, ser tratados como tal. Como, então, acreditar que tal modelo perderá força?

Multimarcas, por sua vez, são fascinantes para apresentar uma edição correta de determinada coleção. Algumas multimarcas crescem tanto que passam a ter espaços dedicados e exclusivos para algumas marcas.

Durante muito tempo, a Daslu foi o nosso melhor exemplo e, com isso, ofuscou outros excelentes exercícios feitos no Brasil. Como não lembrar o preciso trabalho feito durante muitos anos pela Eclat, em São Paulo? E a moda jovem da Oxto? No Rio, a Alberta faz um trabalho admirável. A Dona Santa, em Recife, surpreende. A Magrela, em Brasília, há anos assina o estilo da sociedade local. A NK Store se torna cada vez mais referência nesse modelo de negócios. A Paradoxus, em Salvador, leva requinte aos baianos. Sem contar a Picida, no interior de São Paulo. Há tantas multimarcas fazendo um ótimo trabalho por todo o Brasil, que já me desculpo por não mencionar outras.

Multimarcas são excelentes oportunidades para grifes testarem novos mercados. Algumas marcas, inclusive, mantêm-se como multimarcas mesmo após iniciar varejo próprio na mesma cidade. Além disso, multimarcas são ótimas para atender mercados que não estão prontos para um investimento monomarca, uma vez que varejos próprios exigem investimentos em proporções maiores.

Muitas monomarcas também realizam um trabalho primoroso, não somente em suas coleções, mas também no design e na arquitetura contemporânea de seus espaços. Algumas lojas de marcas brasileiras estão seguramente entre as mais bonitas do mundo.

É um jogo interessante. As multimarcas trabalham para fortalecer seu conceito, seu DNA e seu nome. As marcas comercializadas, entretanto, precisam garantir suas próprias identidades e, por isso, mantêm um nível de exigência forte para o gerenciamento de seus pontos de venda.

As lojas de departamento americanas estão revendo seus modelos de negócios. Muitas estão abrindo operações menores em outras cidades e aproximando-se de forma mais contundente dos consumidores. O modelo se assemelha-se ao conceito multimarca — claro que, nesse caso, apoiando-se na força da marca. Mas, novamente, o modelo multimarca não tem como desaparecer. Ao mesmo tempo, nada supera o conceito e a força de varejo das monomarcas. Qual é o melhor, então?

Há espaço para todos. Modelos de negócios bem executados têm tudo para se tornar vitoriosos. A multimarca precisa reconhecer sua operação de venda pluralizada e garantir a identidade das grifes que comercializa. A monomarca não pode deixar de inovar, ousar e encantar. Este é o desafio: manter o ritmo, que tende a ser mais rápido nas multimarcas.

Vale considerar ambas as possibilidades. Tudo dependerá das estratégias de expansão e desenvolvimento, da capacidade de investimento, do ritmo. E, nos dois modelos, é obrigatório investir continuamente no gerenciamento.

Lim-it-less: arrisque uma nova perspectiva

O mercado que conhecíamos foi virado de cabeça para baixo. Novos comportamentos de consumo e novos perfis de clientes surgem a cada dia em um ritmo acelerado e quase opressor. Influenciadores digitais têm mais relevância que artistas consagrados, novas marcas são fenômenos na internet, o consumidor está empoderado como nunca pela quantidade de informação disponível, e apareceram os movimentos *ageless* e *genderless*. A trama digital da comunicação se tornou imperativa, e o perfil de riqueza foi drasticamente alterado.

Já não é mais suficiente fazer bem e melhor. É necessário se reinventar, fazer genuinamente diferente e tornar a inovação um processo. É tempo de reimaginar nossos negócios, marcas e operações, além de redirecionar nossa comunicação com o consumidor e até nossos princípios como gestores.

É preciso repensar estratégias quando Sinop, uma cidade de menos de 50 anos no norte do Mato Grosso — ao lado de Sorriso, que se tornou a capital do agrobusiness no Brasil —, passa a ter um dos maiores crescimentos no país.

As mudanças têm sido extraordinariamente rápidas, demandando de nós respostas aceleradas. O cientista, professor e empreendedor Silvio Meira, brilhante em seu comentário, diz: "É preciso aprender a desaprender para aprender uma coisa nova". Assim, é tempo de recomeçar e de estar atento à não conformidade. De ir além do produto, da marca, da funcionalidade, do atendimento e da qualidade. É tempo de garantir excelência e passar a despertar sensações. É tempo de energia jovem, de renovação, de manter vibrantes as nossas marcas, operações e empresas. De reimaginar quem somos.

Todo início de ano realizamos na MCF Consultoria uma imersão nos projetos do ano anterior em que analisamos internamente todos os aprendizados e reflexões de mercado, tendo em vista nossos clientes, seus movimentos, acertos, desafios e obstáculos. É um trabalho contínuo que visa potencializar nossa expertise e o cruzamento de informações para exercícios internos de reflexão sobre o encantamento do cliente.

Neste ano de 2019, participamos também do SXSW, em Austin, nos Estados Unidos, considerado o principal festival de inovação do mundo. O evento é fonte constante de inspiração para todos os segmentos.

Outra prática da MCF para insights e reflexões é o que chamamos de Momento NYC, realizado há dez anos. O programa é composto por nosso Roteiro de Experiências e Vivências e promove encontros com gestores de marcas de Luxo ou prestígio elevado. Sempre participamos da NRF (National Retail Federation), o maior evento de varejo do mundo.

Por fim, realizamos investigações sobre os destaques mais recentes em todos os segmentos nos Estados Unidos e no mundo, trabalho que chamamos de TRUE EXPLORING. Esse conteúdo é a base estratégica dos projetos e do conteúdo MCF ao longo do ano, o qual chamamos de TRUE LEARNINGS.

Como frutos das reflexões deste ano, trazemos o que já deveríamos saber, o que vem sendo falado há anos e o que não é mais necessário discutir:

- O consumidor não enxerga mais diferença entre o físico e o digital. Ele decide onde acessar, comprar e se informar, tornando necessários a interação e o engajamento dos diversos canais de comunicação.

- O tema diversidade encontra o momento mais importante da história recente, tornando a demonstração de propósito ainda mais relevante para as marcas.

- Pela primeira vez na economia moderna, as imagens se tornaram protagonistas, surgindo a "Instagramabilidade". Estamos lendo menos e nos permitindo ser mais impactados pelas imagens. Vale reforçar a importância do Instagram: de forma geral, cada vez mais as pessoas fotografam, postam e compartilham suas experiências. Passa a ser necessário repensar a geração de conteúdo e os próprios pontos de venda, tornando-os atrativos para compartilhamento.

- Dados de clientes passam a ser o novo petróleo, e arrisco dizer que brevemente farão parte do balanço das empresas.

- É tempo de emocionar e gerar ainda mais experiências, e não somente de vender ou atender. Essa é uma das razões pelas quais entretenimento, alimentação e lazer apresentam resultados cada vez maiores.

- É necessário engajar colaboradores e clientes em histórias bem criadas e contadas.

- É tempo de liderança ágil: testar rapidamente, errar e aprender. Os movimentos colaborativos aumentam o diálogo da personalização e customização. Não há mais tempo para que façamos tudo sozinhos.

- A Ásia, com forte destaque para China e Singapura, está dirigindo o futuro. Os Estados Unidos seguem como o centro nervoso do consumo e agora iniciam uma nova guerra de hábitos, a do pensar sustentável. Esse movimento é irreversível, e a proibição aos canudos é apenas a ponta desse iceberg, que mudará as relações de consumo e de como vamos produzir.

- Conveniência será a nova moeda de troca. Empresas devem intervir no hábito do consumo com convicção, e para isso é preciso aumentar o repertório e o poder de narrativa. Dessa maneira, clientes serão atraídos pelo conteúdo e dirigidos à imagem com que querem ser percebidos.

São necessários diretores criativos produzindo cenas em nossas empresas, marcas e pontos de venda. A responsabilidade pelo desenvolvimento da mão de obra é dos gestores — não há mais espaço para postergar ou responsabilizar outras pessoas. É tempo para grandes experiências com os detalhes, para pessoas nessa direção, focadas e inspiradas. Paixão e inspiração são os combustíveis.

É preciso mudar o que achamos que as pessoas querem. Desconstruir primeiramente a nós mesmos, rever conceitos e crenças. E, ao final, seguir a orientação do cineasta Carlos Saldanha: "Tudo deveria ter uma parcela de lúdico, de sonho, de inspiração estruturada, de caos criativo, de emoções, e sempre observar todas as perspectivas".

"Arrisque uma nova perspectiva. Sem enxergar os limites ou, ainda, ultrapassando os limites."

Perguntas precisam ser feitas de forma contínua. Estamos atualizando e trazendo a marca ao tempo presente? Estamos colocando uma dose expressiva de ousadia em nossos movimentos? Temos treinado nossos times em formatos diferentes? Temos gerado conteúdo para os clientes? Somos realmente desejados ou apenas conhecidos?

Tudo tão incerto e com tantas inquietações que, na MCF Consultoria, desenhamos cinco macrotemas para este ano:

- *Visable understandable*. É preciso desenvolver pessoas que consigam enxergar de forma mais clara o que acontecerá amanhã — quase uma antecipação.

- Liderança com convicção. Em tempos de mudança em ritmo rápido, líderes precisarão ser mais seguros na condução dos caminhos.

- Teste, erre, teste. Ágil, rápido, menos ênfase no erro, no ganhar e na falha. É preciso driblar o medo e focar no fazer.

- Desconstrua e construa novamente. A hora é agora.

- Arrisque uma nova perspectiva. Sem enxergar os limites ou, ainda, ultrapassando os limites. Sem barreiras, sem enquadramentos. Vá além, exercite todos os caminhos possíveis, ouse nas soluções e nos caminhos para a diferenciação e o ganho de competitividade.

LIM-IT-LESS. Limitar menos as ideias, insights e possibilidades.

Brasil: Produtor e Consumidor

"É tempo de despertar sensações. De reimaginar quem somos."

Capítulo 3 — Brasil: Produtor e Consumidor

Muita gente se incomoda quando digo isto, mas sou inflexível neste ponto: o Brasil ainda não tem marca de Luxo de relevância internacional. Isso não quer dizer que não tenhamos marcas reconhecidas.

É preciso contextualizar. A única marca de Luxo brasileira com alguma presença internacional é a joalheria HStern. Osklen está no exterior, mas não se posiciona como Luxo. Havaianas tem forte presença global, mas não é Luxo.

O Brasil tem tendência estrutural de pautar o Luxo — mas não de executar o Luxo. O caso do nosso café é emblemático. Somos o maior produtor e exportador do mundo, mas não temos uma marca nacional relevante sendo consumida lá fora. Somos o maior produtor e exportador de laranja do mundo, mas não temos uma marca de suco de laranja sendo vendida no exterior.

Moda praia? O biquíni não foi inventado no Brasil, mas, sem dúvida, é uma grande representação do nosso *lifestyle* — e não temos nenhuma marca de moda praia que seja expressiva internacionalmente. O mesmo vale para o jeans, embora todo brasileiro use esse tipo de calça no dia a dia.

Lingerie? A norte-americana Victoria's Secret usa o arquétipo da brasileira, modelos brasileiras — mas não temos uma marca do nicho para posar no exterior. E o futebol? O Brasil é o maior símbolo de sucesso no esporte — inventado pelos ingleses, diga-se. Contudo, não há uma marca que leve (e venda) o futebol brasileiro com êxito no exterior. Mesmo os times brasileiros têm pouca projeção fora do país.

Questões históricas podem explicar essa dificuldade brasileira. Não fomos educados para ter uma cultura de exportação. Viciamos no mercado doméstico — afinal, temos uma população grande, atualmente de mais de 200 milhões de habitantes.

Essa natureza de um grande mercado consumidor interno fica clara quando comparamos números de empresas pelo mundo. A internacional The Body Shop, que foi comprada pela Natura, tem 3 mil pontos de venda ao redor do globo. O brasileiro Boticário tem, sozinho, 4 mil no Brasil apenas.

Em um mercado dominado por empresas nacionais, é difícil também para as estrangeiras conseguirem êxito. A espanhola Zara teve dificuldades para ultrapassar a marca de cinquenta lojas em território brasileiro. Por outro lado, a Renner conta com mais de 350 unidades.

Considerando todo esse contexto, não é demérito dizer que temos poucas marcas de Luxo no Brasil — e nenhuma de relevância internacional. O mundo não é feito de Luxo, afinal.

Esse cenário é resultado de nossa história e dos aspectos econômicos conturbados dos tempos atuais. Vamos refletir sobre isso nas páginas a seguir.

A transformação do Luxo no Brasil

O Luxo apresenta como características a excelência, o valor genuíno, o encantamento, o compromisso e a obsessão por detalhes. A gestão desse mercado tem um comprometimento muito claro com qualidade, técnicas e ferramentas que estimulem o consumidor a observar com a emoção e decidir pelo desejo — e com histórias que façam sentido ao longo do caminho. É um aprendizado que resulta em diferenciação estratégica.

No Brasil, o Luxo não está mais apenas no eixo Rio-São Paulo. Movimentos estão surgindo, o acesso foi democratizado, e a classe consumidora trouxe a esse mercado um novo cliente, que tem acesso às mesmas categorias de produtos diferenciados, porém com distintas referências estéticas.

O atendimento é um dos principais valores reconhecidos pelo consumidor de Luxo. Em um mercado concorrido e exigente, atender bem não é apenas um diferencial competitivo, é um pré-requisito: agora é preciso encantar.

O que vemos no Brasil não existe em outros mercados: um exercício de marcas que fazem trabalhos muito interessantes e serviços no nível das marcas internacionais de Luxo. Este é um país muito ágil na decodificação. O empreendedor brasileiro rapidamente cria sua história.

Duas décadas de Luxo no país

Há vinte anos, o Luxo estava mais associado ao comportamento, sem gerar uma reflexão de gestão e negócio. Com o crescimento do mercado no Brasil, tornou-se necessário desenvolver uma ferramenta de especialização e perceber o Luxo como gerenciamento.

As empresas podem se diferenciar estrategicamente se aprenderem com esse modelo de gestão: o Luxo se torna inspiração e traz oportunidades de negócio, expansão, crescimento e diversificação.

As marcas assimilam a necessidade de treinamento e capacitação de mão de obra, e profissionalizam suas equipes. Expandir o conhecimento e compreender melhor esse mercado são ferramentas fundamentais para os profissionais e empreendedores. É imprescindível que se entenda o Luxo como uma atividade de negócio na América Latina.

Após quase duas décadas de gestão, vislumbramos uma transformação do significado do Luxo, no mundo e no Brasil. O novo cliente desse nicho tem acesso às mesmas categorias de produtos Premium, mas traz outras referências estéticas, comuns aos emergentes, que representam mais da metade do consumo nacional dos dias atuais. É a democratização.

Movimentos surgem em todos os países. Novos centros comerciais de varejo de Luxo são criados e, às vezes, até mesmo reinventados. Cartões de crédito com seus produtos focados no aspiracional e na alta renda encontram um bom momento. A hotelaria e, principalmente, os hotéis-boutique focados em experiências passaram a ser desejados.

A alta gastronomia supera as expectativas e cresce a ritmo vigoroso na América Latina. Os bancos tratam de forma diferenciada seus clientes de alta renda ao desenhar áreas destinadas a esse público. Isso sem falar do consumo de carros Premium, que tem na América Latina um dos melhores crescimentos do planeta.

Mercados que eram fechados, como o próprio Brasil, a Rússia e a China, hoje têm parcela importante das vendas de grandes grupos. Diversificação é fundamental. A marca pode aumentar a sua base, mas precisa se concentrar em manter as características de excelência e de valor genuíno.

Apesar dos entraves tributários e de infraestrutura, o Brasil se destaca em algumas operações mundiais e prova a importância do país.

O paladar não retrocede

Apesar das dificuldades que vivemos na economia brasileira, o comportamento de consumo no país foi profundamente alterado nos últimos 20 anos — e não haverá retrocesso. Podemos presenciar momentos de revisão, suspensão ou postergação momentânea, mas não daremos passos para trás. É como sempre digo nos projetos da MCF Consultoria: "O paladar não retrocede".

É essencial fundamentar nossa observação de que serviços básicos no Brasil mudaram, elevaram os padrões. Padarias, cafeterias, farmácias e drogarias, postos de gasolina, açougues, supermercados e cinemas se tornaram locais de experiência de consumo, com ambientes especiais, nível de atendimento elevado e produtos diversificados. Ainda lembro a primeira sala de cinema de Luxo no Brasil — a Bradesco Prime, no Shopping Cidade Jardim, em São Paulo, em 2008.

Os shopping centers do país eram caixas fechadas, sem incidência de luz natural, com tradicionais praças de alimentação. Passaram a ser ambientes modernos, amplos, iluminados e com um nível de alta gastronomia que não encontramos ao redor do mundo. Isso sem falar nos banheiros, nos *lounges concierges* e nos planos de relacionamento especiais.

Podemos citar a expansão do consistente e icônico Iguatemi, em São Paulo; o surgimento dos belíssimos Cidade Jardim e JK Iguatemi, também na cidade; o Riomar, em Recife, que levou as marcas de Luxo para a região Nordeste; o Pátio Batel, em Curitiba, educando o Sul do país em consumo Premium; e o VillageMall, no Rio de Janeiro, ocupando um espaço com autoridade e coragem. Todos surgiram no século 21 como novos templos de consumo do Luxo no Brasil.

Mudamos muito. E, nesses aspectos, para melhor. O brasileiro ganhou o mundo. Chegamos a ocupar o posto de maiores emissores de passaportes e vistos americanos. E, quanto mais viajamos, mais exigentes nos tornamos. Quanto mais educados ficamos em consumo diferenciado, mais elevamos nosso padrão de exigência.

Há alguns anos, o principal destino da classe alta brasileira era Buenos Aires. Agora, já falamos de expressivo aumento de brasileiros na

"Podemos presenciar momentos de revisão, suspensão ou postergação momentânea, mas não daremos passos para trás."

distante Ásia. Além disso, os brasileiros se tornaram um dos principais consumidores de produtos e serviços de Luxo no mundo.

Assim, a Sephora — a maior cadeia de varejo de beleza do mundo — chegou ao Brasil e vem se expandindo. O poderoso grupo Estée Lauder abriu operações como Clinique, Jo Malone, La Mer, e promoveu forte expansão da marca-ícone MAC. As italianas Prada, Fendi, Bottega Veneta, Gucci e Dolce & Gabbana chegaram com suas lojas-templos. A admirada e renovada inglesa Burberry abriu uma forte operação de varejo. O ícone Cartier inaugurou novas lojas. As francesas Chanel, das camélias e das pérolas, Hermès, do icônico laranja, e a estilosa Saint Laurent chegaram ao nosso mercado. A divisão iRetail, do grupo Iguatemi, brindou-nos com Diane Von Furstenberg, Goyard, Polo Ralph Lauren e Vilebrequin. O ícone americano Tiffany levou seu azul para regiões como Rio de Janeiro e Curitiba. A impressionante Swarovski abraçou o Brasil com seu vasto plano de expansão, assim como a Tag Heuer.

As marcas de carros de Luxo alinharam os lançamentos mundiais com o nosso mercado. A maior marca de Luxo do mundo, a Louis Vuitton, não somente expandiu como também teve pop-ups (lojas temporárias) em Goiânia e Recife. A operação da NK Store se fortaleceu, expandindo-se para o Rio de Janeiro, e renovou a loja paulistana, que seguramente passou a ser uma das mais lindas multimarcas do mundo — um movimento que afirma nossa capacidade de gerar marcas e operações de Luxo genuinamente nacionais, brasileiras na essência e na alma.

Nos últimos anos, presenciamos o surgimento, a expansão e o fortalecimento das marcas de Luxo brasileiras, como a brilhante Trousseau, de cama, mesa, banho e *homewear*, a sensível Chocolat Du Jour, que muitos ainda acham que é uma marca internacional, e a nordestina Martha Medeiros, que ganhou o mundo com seu trabalho autoral e especial focado em rendas.

Isso sem falar dos incríveis destinos de turismo, como o resort Ponta dos Ganchos, em Santa Catarina; o Nannai Beach Resort, em Pernambuco; o Kenoa, em Alagoas; o Txai, na Bahia; e de hotéis como Fasano e Emiliano, muitas vezes com taxa de ocupação superior aos das cadeias internacionais. Também merece destaque o suntuoso Palácio Tangará, do grupo Oetker, na região do Morumbi, em São Paulo.

Difícil, porém, é traçar uma linha do tempo do que se tornou a alta gastronomia brasileira. É obrigatório reverenciar os superlativos Kinoshita e Attimo, a excelência do Grupo Fasano e os autorais D.O.M, de Alex Atala, e Maní, de Helena Rizzo, que nos fizeram ser aclamados no mundo inteiro. A lista é imensa, e não somente em São Paulo. Ao contrário, há lindos e excepcionais exemplos no Rio de Janeiro, em Curitiba e no Nordeste do país.

Também alguns dos nossos hospitais se tornaram ícones de hospitalidade de Luxo no mundo, e clínicas de cirurgia plástica impressionam, como a Ferreira Segantini, em Uberlândia.

Este artigo poderia ter muitas páginas. Seria uma lista imensa de nomes de precisos exercícios de Luxo brasileiro na gastronomia, no mobiliário, nas marcas de joias, nas agências de turismo. Posso destacar uma enorme quantidade de pousadas extraordinárias. Mesmo sofrendo o impacto do cenário atual, o mercado de bebidas de Luxo e Premium cresceu vigorosamente em champagne, vinho, whisky e destilados. Até a cachaça tipicamente brasileira foi elevada a patamares de diferenciação.

Não há dúvida de que o mercado brasileiro é complexo e, quando o comparamos com outros mais desenvolvidos, ainda há espaço para fortalecer a atividade do Luxo. Poderíamos — e deveríamos — ser muito maiores e ter mais marcas operando no país.

É certo afirmar que os últimos anos de instabilidade política e econômica geraram desafios relevantes e fizeram com que algumas marcas reduzissem ou cancelassem suas operações no Brasil. Entretanto, é inegável o salto que demos nesses anos. Reconhecer que o mercado brasileiro já foi mais simples e simplório no consumo é essencial.

A perspectiva do quanto ainda poderíamos ser e ter nos inquieta. Por outro lado, sabemos que somos mais do que éramos no começo do século. Ainda não temos um ciclo de cinquenta anos de amadurecimento de um mercado de consumo. Não temos cem anos de história de Luxo, assim como marcas e atividades ícones europeias, tampouco o volume de consumo dos Estados Unidos e a velocidade surpreendente da Ásia. Mas somos, sim, muito mais do que fomos.

O PALADAR NÃO RETROCEDE.

O atendimento excelente

Em um mercado altamente competitivo e exigente, atender bem não é apenas um diferencial: é pré-requisito. Ao abandonar o modelo tradicional, podemos compreender novas possibilidades e formas de pensar o desempenho das pessoas dentro das organizações.

O primeiro grande desafio é elevar a cultura de valores desses profissionais. Ainda que os cursos técnicos e profissionalizantes sejam fundamentais para as organizações, palavras não são suficientes para que as pessoas entendam o que é excelência. Todo profissional mostrará a excelência no relacionamento, na experiência e no atendimento da mesma forma que ele aprendeu. Para que ele aprimore sua percepção, temos de induzi-lo a vivenciar o que é excelência. Só assim ele conseguirá entender o que isso realmente significa.

Outro desafio das empresas é reter profissionais. Antes, as pessoas almejavam entrar numa companhia e construir uma carreira. Hoje, são as organizações que buscam incessantemente quem esteja disposto a desenvolver um trajeto profissional duradouro dentro de uma empresa.

A capacitação tornou-se ferramenta estratégica de desenvolvimento. É fundamental que as empresas reconheçam a necessidade de motivar seus profissionais para garantir um relacionamento especial com seus clientes. E elas parecem ter assimilado isso. Para combater o déficit educacional no Brasil, as companhias investem em programas específicos de suas áreas de conhecimento e asseguram um melhor desempenho desses profissionais.

Precisamos reavaliar nossa base de valores, repensar a relação com nossos profissionais e criar um modelo pautado na prática e na observação do mercado. Elaborar ferramentas alinhadas à inovação, à gestão, ao empreendedorismo e à criatividade, além de apostar em pessoas que tenham como principal diferencial a habilidade de vivenciar práticas interativas para desenvolver novas competências.

Nessa jornada, destaca-se o "profissional orgânico", aquele que entende a realidade da organização e consegue realizar funções distintas, com visão sistêmica e comportamento sem preconceitos. Com valores justos, atitude, agilidade e trazendo informações diferentes para surpreender o cliente no atendimento. A satisfação dele é a satisfação do cliente, que tem um perfil mais exigente, busca um atendimento único e toma decisões com base no desejo.

Nesse sentido, o mundo ainda pode aprender muito com os serviços brasileiros. Nós humanizamos o atendimento e tornamos nossa mão de obra singular.

Por que as marcas de Luxo brasileiras não ganham o mundo?

Somos o maior produtor e exportador de laranja do mundo. Qual marca brasileira de suco de laranja é reconhecida internacionalmente? Somos também o maior produtor e exportador de café mundial. Também pergunto: qual marca de café brasileiro é consumida e reconhecida? Chegamos à situação de um americano tomar café brasileiro e afirmar que os colombianos sabem fazer café como poucos. O reconhecimento está na Colômbia, não no Brasil.

Esse tema se estende para outros segmentos. Somos o país que ensinou moda praia ao mundo. Os biquínis, bermudas de praia e maiôs eram conhecidos, mas o conceito de coleção moda praia é brasileiro. Ainda me lembro de levar a equipe de criação do celebrado estilista Marc Jacobs a um evento do extinto Fashion Rio para assistir ao desfile da Lenny Niemeyer. Era fascinante vê-los admirados com a coleção. Eles diziam que, até então, era impossível imaginar um desfile de moda somente de coleção praia.

O mesmo vale para o jeanswear. O Brasil é um forte fabricante de jeans. Temos boas confecções em todos os lugares. Inclusive, a maior e uma das nossas melhores marcas de jeans é a Damyller, que vem de Criciúma, no sul do Brasil. Ensinamos ao mundo sobre lavagem de denim, sobre modelagem no quadril. E pergunto: qual marca brasileira de jeans é líder mundial?

Há muitos anos afirmo que reconheço apenas duas marcas brasileiras que alcançam o consumidor final no consumo de moda e estilo no mundo, a HStern e a Havaianas.

A reflexão acima deixa claro, porém, que temos muitas oportunidades em diversas atividades. Por que não colocamos essas iniciativas em prática?

Ao longo dos anos, acompanhei diversas marcas brasileiras em trabalhos de exportação e atuação no mercado internacional. No entanto, poucas se tornaram relevantes e quase nenhuma determinante no cenário internacional.

O alinhamento de reflexão é o mesmo que devemos fazer para o Brasil. Sabemos quão frágeis foram nossos acordos políticos e comerciais com o mundo nos últimos anos. É assim para o pensamento e a atuação de marcas brasileiras no mercado exterior.

O tamanho do nosso mercado doméstico sempre fez dele prioridade. A imprevisibilidade da economia brasileira tirou de nós a capacidade de planejar no longo prazo e realizar investimentos contínuos e frequentes. Somos imediatistas e focados no curto prazo.

O cenário competitivo internacional é totalmente o oposto disso. O jogo é de longo prazo, previsibilidade, continuidade e frequência sustentável. Muitas das características contrárias à nossa atitude empresarial. Se olhamos para o cenário descrito aqui, fica, portanto, mais fácil entender a nossa dificuldade de ganhar o mundo com marcas de Luxo, que são de nicho, segmentadas e focadas.

O Brasil surpreende no chocolate, em cama, mesa e banho, na gastronomia, na moda e na hospitalidade, mas é quase inexistente uma marca brasileira de Luxo que tenha ganhado o mundo. Existem marcas brasileiras de Luxo, bem poucas, que apresentam trabalho de internacionalização e exportação, mas não se tornaram ainda marcas de relevância internacional.

Há espaço? Definitivamente! O cenário internacional é competitivo? Extremamente. Seria possível? Não tenho dúvidas. São muitos os "sim". São poucos os exercícios nessa direção. O caminho é longo, longo e longo. Mas é possível.

Transformando o simples em nobre

Viajar pelo Brasil proporciona descobertas que poderiam passar despercebidas. Por mais poderosa que a comunicação possa ser, nem sempre ela fará com que assuntos interessantes sejam conhecidos pela maioria das pessoas.

Há casos espalhados por este país de dimensões continentais que continuarão conhecidos apenas localmente. Outros ganharão o Brasil porque tiveram a possibilidade de realizar uma boa associação ou parceria. Por fim, há aqueles que conquistarão o mundo porque, de forma oportuna, sua informação foi bem-aceita em outros países.

O que realmente incomoda é que, em alguns momentos, a descoberta merece status de notoriedade. É sobre esse aspecto que quero refletir, dando continuidade ao movimento de descobrir o Luxo pelo Brasil.

É sabido que a seda sempre exerceu fascínio no universo dos têxteis. Produtos elaborados com seu fio são considerados Premium e, com isso, vendidos a preços especiais. A fabricação de itens feitos a partir do fio da seda costuma demandar pelo menos cinquenta mãos e, em alguns casos, de oitenta a cem mãos. Fato pouco divulgado é que a seda é considerada, junto ao diamante, uma das mais antigas descobertas nobres, datando de cerca de 2.640 a.C.

Por meio de processos artesanais, os fios retirados dos casulos, um a um e de forma manual, transformam-se em elementos preciosos, como fibras, palha e tecidos. As fibras são naturais e orgânicas, e os delicados processos de fiação, tingimento e confecção demandam cuidado extremo no manuseio. Os tingimentos se preocupam com a preservação do ambiente e podem ser de eucalipto, cebola, manga, clorofila, amora, café... corantes extraídos naturalmente das plantas por meio de água, calor, sal e vinagre.

Todo esse processo garante que qualquer produto seguindo essa regra, ao ser enterrado, desintegre-se em um período de três anos. Ou seja, recebe do planeta e devolve melhor ainda ao planeta. Isso sem falar do bicho-da-seda, que é, por natureza, exigente. Som, luz, barulho, interferência urbana... tudo pode estressar o bicho. Aqui começamos a entender a razão de a seda já nascer especial.

O Brasil é o terceiro maior produtor mundial da matéria-prima. Mesmo assim, nossa produção vem perdendo força pelos mesmos motivos de sempre: dificuldades e entraves do sistema socioeconômico brasileiro. E de onde vem esse meu conhecimento?

Em visita à cidade de Maringá, no Paraná, fui convidado a conhecer o Casulo Feliz, um inacreditável empreendimento iniciado há trinta anos pelo zootecnista Gustavo Serpa Rocha.

O Casulo Feliz — nome que se refere ao momento mágico e feliz do processo da saída do bicho do casulo — está localizado em um dos bairros mais pobres da cidade que, por coincidência do destino, tem o nome de Santa Felicidade. A empresa utiliza a mão de obra excluída da sociedade, como ex-prostitutas e ex-presidiários, e transforma o fio da seda em preciosos objetos e elementos de moda e decoração de interiores.

Bolsas, tapetes, peças de vestuário, cortinas e jogos americanos surpreendem pelo acabamento, pela produção artesanal, pela beleza e pelo design contemporâneo. Equipamentos singulares criados por Gustavo se misturam a outros do século 18. Por ironia, são equipamentos de tear e lançadeiras hoje utilizados por uma empresa que se compromete 100% com o social e que, no passado, eram operados por crianças exploradas durante a Revolução Industrial.

São produtos nobres fabricados pelas mãos de homens e mulheres simples dentro da tradição da seda, um material tão nobre quanto o diamante. O artesanal e o manual criam experiências de produtos preciosos e sublimes. O maquinário resgata histórias. É esse o valor da tradição dos processos. É o Luxo.

A minha felicidade está em descobrir que, em um bairro pobre de Maringá, uma empresa cria e fabrica produtos que têm como mero objetivo o enaltecimento do belo e o efeito de gerar felicidade, por meio de uma matéria-prima que já nasce de um bicho exigente.

Definitivamente, é possível transformar o simples em nobre e produzir Luxo no Brasil.

"Definitivamente, é possível transformar o simples em nobre e produzir Luxo no Brasil."

Quem sabe faz a hora

Em tempos de crise, o desafio passa a ser como desenhar alternativas. Há anos trabalhando com a inteligência estratégica da gestão do Luxo, afirmo que há muito a ser aprendido com esse segmento e com a sua forma de operar.

Muitas marcas-ícones mundiais do Luxo têm 50, 100, 150, 180, 200, 250 anos, e é fato que passaram por todos os tipos de crises, guerras, descontroles econômicos e sociais, além da alteração da dinâmica de consumo. Ainda assim, várias conseguiram manter a liderança e a operação bem-sucedida, virando exemplos no mercado.

O Luxo está alinhado ao longevo, à excelência, à qualidade inegociável, ao extraordinário. Produtos e serviços de Luxo enaltecem as características que encantam, surpreendem e fascinam. Dialogam emocionalmente, suscitando desejos e vontades no consumidor. E entregam diferenciais percebidos pelos clientes.

Lembro de uma conversa com Yves Carcelle, CEO da Louis Vuitton mundial durante mais de vinte anos, quando estava prestes a abrir a operação da LV na Colômbia. Na época, eu dirigia a marca na América Latina. A uma semana de eu abrir a primeira loja colombiana da marca, um terremoto de proporções devastadoras assombrou o país.

Em conversa com Yves, questionei-o como poderia abrir uma loja de Luxo naquele momento tão triste da Colômbia. Ele, com a visão estratégica de uma marca-ícone de Luxo no mundo, disse calmamente: "Ferreirinha, não estamos abrindo uma loja em Bogotá para os próximos meses ou o próximo ano. Estamos tomando uma decisão de investimento de longo prazo. Serão anos e anos. Assim, pense de que forma quer conduzir esse momento, quando gostaria de abrir e como acha que podemos cooperar".

Eu me aproprio da citação de Yves Carcelle e a uso neste momento do nosso país, afirmando que há muito a ser aprendido da gestão das marcas de Luxo. O Brasil de hoje demanda cautela, mas sinaliza um momento apropriado para revisão de processos, inovação, criação de produtos e serviços com diferenciais claros, ajustes de rotas, foco e disciplina, ousadia e coragem.

Muitas das marcas de Luxo tão admiradas por nós ensinam ser justamente nesses tempos de dúvidas e incertezas o momento certo para surpreender ainda mais, cuidar dos clientes de forma singular, gerar estímulos que vão além do produto, criar e contar uma boa história.

Sr. Hermès, em determinado momento da história, afirmou: "Luxo é criar um sonho que perdure". Os próximos anos nos forçarão à reinvenção, à disciplina e ao rigor. Pode ser agora o momento também de surpreender com a originalidade, o genuíno.

Quando chove, sempre surge alguém vendendo guarda-chuva. Nesse momento em que carros populares enfrentam uma severa queda de vendas, carros de Luxo ou de posicionamento mais elevado apresentam crescimento. Quando os sorvetes populares perdem força, a categoria Premium se amplia fortemente. O consumo de Luxo internacional pelos brasileiros diminuiu muito, mas, ao mesmo tempo, esse consumo migrou para o Brasil. Cervejas básicas e populares sofrem, cervejas Premium crescem.

Em resumo, há espaço para produtos e serviços que apresentem genuína diferenciação nesse momento de compras mais inteligentes e mais focadas.

Novamente, recomeçar!

Quem poderia dizer que, depois de anos aproveitando o crescimento e a expansão expressiva da economia brasileira, seríamos novamente desafiados à necessidade de superação? Obstáculos como poucas vezes vistos são, de novo, impostos à sociedade de consumo e produtiva no Brasil. É injusto ter de lidar, mais uma vez, com o fantasma e o filme de terror da inflação, dos juros altos, da escassez de crédito, da recessão, da redução do ritmo de crescimento, do cancelamento de projetos, da suspensão de investimentos, da inadimplência, da alta exacerbada do custo de vida, do aumento de impostos, da crise de credibilidade, do pessimismo, do desemprego, da corrupção... Novamente?

Os brasileiros consumidores e empresários fizeram um excelente dever de casa nos últimos anos: investiram, expandiram, geraram empregos, desenvolveram sub-regiões, fizeram a conversão high-tech, elevaram o padrão de serviços e da mão de obra por meio de qualificação profissional. Foram muitos os ganhos e inúmeros os acertos. Inegáveis melhorias: o padrão brasileiro subiu, comportamentos mudaram.

O brasileiro sofisticou seus hábitos de consumo. Tornou-se mais exigente e mais atento. Virou um viajante frequente. Elevou suas expectativas e viu acontecer no mercado doméstico o fenômeno do Premium, com padarias, cafeterias, sorveterias, livrarias, farmácias, açougues, postos de gasolina e tantas outras referências tornando-se especiais e não somente básicos.

O Brasil, nos últimos anos, em um ciclo importante de mais de duas décadas, transformou-se. O simples virou especial, e o básico, extraordinário. E, a reboque, os brasileiros gostaram dessa aventura. Ela me faz afirmar que não estaremos dispostos a abrir mão dessas conquistas. Não somente consumimos, mas gostamos disso e, principalmente, aprendemos a consumir. Vivemos e experimentamos mudanças extraordinárias.

Infelizmente, a conta da má gestão pública vem sendo paga novamente por todos nós, na pessoa física e na jurídica. Temos de recomeçar: investir forte na inovação, conhecer, segmentar e cuidar de clientes, não mais subestimá-los e, definitivamente, nos relacionar com eles.

É preciso ir dormir mais tarde e acordar mais cedo, trabalhar arduamente para mudar o jogo, focar, aumentar a produtividade e criar conexões emocionais, incrementando o desejo, não a necessidade. Vamos transformar a atual crise em oportunidade de reinvenção e incrementar a oferta de serviços.

Iniciamos forçadamente a viver coisas novas e a garantir relevância contemporânea para que os consumidores prefiram nossos produtos e serviços. Eles se tornaram cautelosos e, por isso, tomam decisões mais conscientes e inteligentes. O consumo não ficou mais barato, mas a escolha passou a ser mais criteriosa. Afinal, não abriremos mão do nosso alto grau de exigência. Temos que reinventar a forma de vender produtos e serviços, apresentando-os com alma, irradiando alegria, confiança e otimismo.

Turismo de Luxo: Excelência e Obsessão por Detalhes

"A transformação do ordinário em extraordinário, do simples em especial e do especial em experiência."

4

"Não viajamos para escapar da vida, mas para a vida não escapar de nós." Essa frase de autor desconhecido me inspira a olhar para a dinâmica do Luxo no turismo, que deve ser pautada por comprometimento com o excepcional, qualidade não negociável, obsessão por detalhes e fortes estímulos emocionais. O viajante precisa entrar em contato com oportunidades que redefinam seu conceito de conforto e suas experiências. Para isso, serviços personalizados devem ter atitude dedicada, calorosa, discreta e focada na arte da antecipação.

O sonho e a fantasia como escola de negócios

Os parques da Disney são bem divulgados pelas agências de turismo mundo afora há muito tempo, mirando sempre o público infanto juvenil. Visitar o complexo de entretenimento de Orlando e os demais parques temáticos, como Universal, Sea World e Bush Gardens, é um sonho de pessoas e famílias do mundo todo. É fascinante percorrer um mundo encantado e fazer essa viagem algumas vezes, em idades distintas e momentos profissionais diferentes, observando as mesmas coisas sob outros aspectos.

Estar na Disney é entender claramente por que a companhia continua na lista das empresas mais inovadoras e segue como uma das marcas mais poderosas. É inacreditável sua capacidade de renovação e a forma como mantém o nível de perfeição depois de tantos anos. É fascinante como consegue surpreender aproximadamente 40 mil visitantes ao dia, com um serviço impecável. Tudo é pensado para garantir o sorriso das pessoas que percorrem seus parques temáticos: limpeza irretocável, segurança, cuidado com quem tem necessidades especiais, grandiosidade. Temos a impressão de que tudo funciona perfeitamente o tempo todo.

Na Disney, a idade não importa. Criança, adolescente, jovem ou adulto: todos se manifestam de forma parecida diante do medo de uma montanha-russa ou na correria para tirar fotos ao lado de personagens imortalizados pela indústria do desenho animado e do cinema. Indianos, turcos, brasileiros, romenos, chilenos, americanos, árabes, hindus, russos, franceses, ingleses... não importa a nacionalidade. O que é relevante é o espetáculo de solidariedade e de confraternização das diversas culturas e civilizações.

Interessante, entretanto, é ver homens e mulheres que levaram seus filhos para a diversão carregados de celulares e notebooks, sempre conectados. É estranha a percepção de como nos tornamos escravos da tecnologia. A Disney, que se especializou em ser uma fábrica de sonhos, deveria implantar áreas que impossibilitassem essas conexões, quase forçando-nos a um total desprendimento? Em hipótese alguma. Essa é uma decisão que cabe a cada um de nós, isoladamente. Que bom seria se os empresários, executivos e políticos que estão em tais locais dedicassem um tempo para a observação. Mais do que se entregar ao prazer, deveriam aproveitar para aprender.

Sugiro que a Disney, além do coeficiente de inovação que a define, também seja considerada uma das mais interessantes escolas de negócios. Afinal, como ela garante que centenas de pessoas, funcionários e temporários estejam comprometidos com a mesma missão, com obsessão absoluta por detalhes e treinamento expressivo? Como um grupo tão distinto de colaboradores de todo o mundo consegue estar alinhado na operação?

Todos foram treinados para jamais dizer não, para solucionar problemas, encontrar soluções e ser simpáticos, solícitos e, acima de tudo, naturalmente prestadores de serviços. A Disney também contrata idosos para trabalhar lado a lado com os jovens. É uma fábrica de sonhos que ultrapassa limites. Tudo cronometrado para emocionar e seduzir. Produtos que poderiam ser simples, mas que, com a marca da Disney, transformam-se em poderosos *best-sellers*. Tradição, história e alma conectados em todo momento.

Esses links estão em todas as partes, por isso todos se veem envolvidos pela magia e pela fantasia, sem entender o real motivo. Debaixo da adrenalina da fantasia, os limites passam a ser transgredidos e ultrapassados, seja o do medo, o da aventura ou o do consumo. Em tempos de quebra dos protocolos de cooperação entre os povos e diante do terror que nos assombra de culturas tão distantes das nossas, a Disney ensina que é possível, sim, gerar harmonia e troca de experiências entre nações e culturas distintas.

A sensação de que se trata de um mundo imaginário é tão forte que ficamos tristes ao voltar para casa. Cabe a nós levarmos essa sensação para o nosso cotidiano. Políticos também deveriam fazer um curso de imersão. E se a Disney implementasse dias dedicados a executivos, empresários, políticos e empreendedores? Empresas e nações deveriam ter um curso obrigatório lá, que consistiria em aproveitar os parques temáticos, desconectados do cotidiano. Ao final de cada dia, aconteceria uma troca de experiências sobre os detalhes de gestão percebidos.

Precisamos aprender a ser mais leves e a trabalhar com mais emoção. Entender os valores da prestação de serviços e saber que, quando lidamos com clientes, nossa principal responsabilidade é encontrar soluções para desejos, anseios, necessidades e sonhos. Assim, o cliente se sente único e especial.

A Disney continua desenvolvendo muito bem essas características. Não é verdade que tudo começou com um camundongo. Tudo se iniciou com um homem que acreditou que seu sonho era possível. O que isso tem a ver com o negócio do Luxo? Ambos têm os mesmos atributos.

O Luxo pode aprender com a magia dos personagens da Disney a criar produtos e serviços que sejam desejados. A Disney faz exercícios, influenciada pela indústria do Luxo, para que a sua marca alcance níveis elevados de percepção de status. Afinal, uma bolsa, um relógio, um carro ou um apartamento são sonhos que viram realidade, assim como um boneco do Mickey, um chapéu do Pateta ou uma caneta do Peter Pan.

"Produtos suprem necessidades, experiências suprem desejos."

Experiências da África ao Grand Canyon

Produtos suprem necessidades, experiências suprem desejos. O Luxo contemporâneo transforma produtos comuns em desejos, transformando-se em inspiração e seguindo valores e tradições.

O consumidor e o mercado brasileiro buscam diálogo e experiência emocional. As empresas podem estimular seus clientes a tomar decisões pela vontade, não pela necessidade. Assim, eles se sentem especiais, únicos. Estamos falando de um consumo ligado ao sentimento. E dele se beneficia o turismo de Luxo.

É possível se hospedar em um bangalô sustentável? Para a &Beyond, líder mundial em turismo de Luxo, sim. Seus 35 hotéis-boutique proporcionam experiências únicas em surpreendentes destinos na África, na América do Sul e na Ásia, que vão de um refúgio no meio de uma savana ao rugir de leões. O viajante de Luxo não quer apenas consumir, mas, sim, fazer parte do destino. O valor de um objeto artesanal feito em uma aldeia africana, por exemplo, está principalmente na sua autenticidade.

A obsessão por detalhes e um serviço de excelência são características da &Beyond. Os momentos de magia estão presentes nas atividades e nos safáris, além de figurar no sorriso de pessoas que se empenham em transformar sua estadia em algo inesquecível.

Já uma das viagens de trem mais luxuosas do mundo fica na África do Sul. A paixão por esse meio de transporte e a ideia de formar um comboio de vagões para famílias foram inspirações para Rohan Vos fundar a Rovos Rail, há três décadas. A empresa mantém uma estação exclusiva em Pretória, onde Vos recepciona os hóspedes pessoalmente, impactando profundamente os viajantes.

Ao viajar na Rovos Rail, os turistas apreciam um cenário deslumbrante e conhecem a frota de históricas locomotivas da estação Capital Park. Cada detalhe é cuidadosamente planejado por Mr. Vos, que viaja periodicamente no trem para verificar se algo pode ser aprimorado, pensando no conforto e na melhor experiência para os viajantes. É um verdadeiro hotel a bordo de um trem.

Curtir os principais destaques da beleza sul-africana, com um serviço personalizado — as *hostesses* se dedicam 24 horas por dia para atender todas as necessidades dos passageiros —, é uma experiência tão impactante que os próprios viajantes são os maiores divulgadores dos serviços.

Ainda no quesito viagens, o dom de inovar constantemente leva o ser humano a vislumbrar horizontes às vezes impensáveis. A Grand Canyon Skywalk é uma geniosa criação de 21 metros de extensão, 100% feita de vidro. Localizada no Parque Nacional do Canyon, a ponte traduz inovação em movimento. A passarela transparente suspensa no ar, 1.290 metros acima do Rio Colorado, permite termos a exata noção da profundidade do cânion. O mirante idealizado por um membro da tribo indígena Hualapai é um exemplo de que o homem pode realizar o extraordinário.

Considerada por muitos uma das "maravilhas do mundo", a Grand Canyon Skywalk representa mais que uma obra de arte e materializa um sonho que, até então, parecia impossível. E isso nos motiva a pensar de forma mais ousada. Qual ponte de vidro nós, como pessoas e profissionais, podemos desenvolver?

"O Luxo contemporâneo transforma produtos comuns em desejos, transformando-se em inspiração e seguindo valores e tradições."

Um sentimento de vizinhança na Madison Avenue

O que seria de Nova York sem o icônico Central Park? É quase impossível imaginar a cidade que nunca dorme sem o seu famoso parque, que impressiona pela magnitude e pelas características tão especiais no coração de Manhattan.

Agora, o que seria ter esse lugar como quintal de casa? Mesmo sendo uma possibilidade surreal, seria absolutamente incrível. É assim que os moradores da Madison Avenue consideram o Central Park. De tão próximos e orgulhosos do local, uma associação de conservação foi criada para garantir suas características. A Central Park Conservancy é mantida por doações privadas, uma iniciativa comum na cultura americana.

Isso ilustra bem o que significa ser, morar, trabalhar ou respirar a Madison Ave — a parte alta do eixo leste de Manhattan. Ali, o sentimento é o de uma verdadeira vizinhança.

Além da exclusividade quase óbvia, respirar o Central Park na Madison Ave é garantir o sentido pleno da ampla diferenciação. São aproximadamente 2,5 quilômetros de avenida, 29 quadras, sem contar as ruas dos lados oeste e leste, que também aproveitam o espírito do lugar, tornando-a a maior via de comércio sofisticado do mundo. Como comparação, a nossa Oscar Freire, em São Paulo, tem o mesmo comprimento, mas apenas algumas poucas quadras representam ou já representaram força comercial no Luxo.

Mais do que serviços de limpeza e um exército de seguranças, mantidos pela iniciativa da associação da avenida, o mais relevante é destacar que as expressivas vendas das marcas na Madison são quase totalmente revertidas para os moradores, que transformam essas operações em extensão do seu cotidiano.

Na Quinta Avenida ou SoHo | Meatpacking, há a presença massiva de turistas e clientes aspiracionais. Na Madison Ave, o fluxo é menor, e o ticket médio de consumo por cliente, elevadíssimo. Isso pode até gerar obstáculos, já que os profissionais de lá preferem lidar com a vizinhança e acham que os turistas pertencem aos outros destinos. A força e o tamanho da Madison são tão relevantes que marcas como Ralph Lauren e Michael Kors têm de duas a cinco lojas ali. Mr. Ralph Lauren, o próprio, mantém seu escritório na Madison.

Em resumo, é uma avenida de puro charme, de estímulos de consumo pautados no desejo. Woody Allen toca clarinete todas as segundas-feiras no bar do tradicional Hotel Carlyle. A Madison Ave encanta pela intensa vida noturna, elegante e sofisticada. Há hotéis do calibre de Plaza Athené, The Lowell, The Mark, Carlyle e da boa surpresa que é The Surrey, único *relais chateau* da cidade. Há ainda o celebrado Café Boulud, que mantém serviço personalizado, íntimo e próximo. Mesmo os vizinhos frequentam assiduamente esses lugares, seja o bar, sejam os concierges — e até mesmo se hospedam ali quando suas casas estão em obras.

A avenida é também, curiosamente, das galerias de arte. São mais de cem, mas quase não são percebidas pelos passantes, tanto pela sua presença discreta no bairro quanto por serem destinos exclusivos. Para completar esse cenário, o MET (The Metropolitan Museum) já se prepara para ocupar o belíssimo edifício The Breuer, de arquitetura brutalista, que havia cinquenta anos era a casa do Whitney Museum.

Há ainda uma enorme quantidade de consultórios médicos, clínicas de cirurgia plástica, spas — como o Castle Premier, aberto recentemente com um impressionante *rooftop* —, escolas e salões de beleza. Eles estão ali para atender a vizinhança e por ser a Madison um destino associado a prestígio, qualidade e padrões elevados.

Não há como falar ou ler sobre Nova York sem que o nome da Madison Avenue surja, e não há como visitar a cidade sem que a avenida esteja no roteiro.

Famosa, célebre, ícone. Imponente, sofisticada, elegante. Agradável na caminhada. Generosa na quantidade de serviços. Impressionante no número de marcas de Luxo célebres que ali operam. E, ao mesmo tempo, apesar de todos esses adjetivos, uma avenida tranquila.

Ali, é possível se sentir em casa.

O excelente momento de Portugal

É fascinante reconhecer que Portugal vive um momento de esplendor. O país, que já foi uma nação forte e é considerado o primeiro Estado Moderno europeu, surpreende mais uma vez com a movimentação do empreendedorismo, uma nova visão de mundo e a modernidade de conceitos de hospitalidade e varejo. Para se ter uma ideia, são mais de vinte restaurantes fazendo parte da constelação das estrelas Michelin. Além disso, a gastronomia dos lusitanos é tão rica, que até a mais simples das tascas é excelente.

O *New York Times* indicou Portugal como o destino do momento. Lisboa e Porto fervilham com novas construções. A capital portuguesa está entre as cidades com melhor qualidade de vida, e Porto já tem mais estudantes internacionais que a tradicional Coimbra, sendo considerado um dos destinos turísticos mais especiais da Europa.

Os brasileiros estão descobrindo Portugal, mas ainda há muito mais para explorar. O país do tradicional vínculo emocional com os brasileiros, do bacalhau, do queijo da serra, do azeite, do vinho do Porto e dos vinhos premiados da região do Douro, do pastel de Belém, das castanhas assadas, da Avenida da Liberdade, do sofrido fado e da experiência espiritual do Santuário de Fátima vive seu novo esplendor, como bem citado no hino português.

Não falarei do esplendor da economia ou da política, mas das ideias, do empreendedorismo, do design, da inovação, dos projetos que emocionam, surpreendem e encantam.

O que dizer do conceito moderno do Pop Cereal Café, em Lisboa, que reinventou a forma de consumir cereais?

E do imponente São Lourenço do Barrocal, na região do Alentejo, um retiro rural de uma vastidão de terra impressionante? Nesse hotel cinco estrelas, caminhar até a piscina já nos desconecta do mundo. Ele traduz os novos tempos com despretensão e simplicidade e, ao mesmo tempo, respeita um legado familiar de duzentos anos, convidando os hóspedes a se conectar com a terra.

Podemos citar, ainda, as duas lojas da Boutique dos Relógios Plus, na tradicional Avenida da Liberdade, em Lisboa, possivelmente o mais impactante varejo de relógios de Luxo no mundo — uma das unidades conta com uma escultura da célebre artista Joana Vasconcelos.

Portugal passou por importantes marcos nas últimas décadas, que aceleraram sua expansão, como a União Europeia, a Expo 98 e a Eurocopa. Entretanto, minha percepção é de que o país, como poucos, soube usar a forte crise de 2008 para se reinventar, sobreviver e se destacar.

Não basta ser um país solar, com uma enorme concentração de diversidade em um pequeno território. Sim, ali há praia e campo, aldeias, ruelas, bairros tradicionais como Alfama e a nevada Serra da Estrela, mais alta que Campos de Jordão. No parque natural de 130 anos da Serra está a Casa das Penhas Douradas, um hotel boutique design e spa, que assusta pelo nível de excelência e o nascer do sol em um céu avermelhado.

Será que o histórico de navegador dos mares deu a esse país a capacidade ímpar de transitar entre a tradição e o contemporâneo, entre a história e a modernidade, entre a sofisticação e a simplicidade? É absolutamente especial e raro. Até a conhecida Vista Alegre, que existe desde 1824, surpreendeu com um movimento espetacular de inovação na região de Aveiro: a abertura do Montebelo Vista Alegre Ilhavo Hotel, com incríveis interferências de porcelanas em todos os ambientes, um museu de tirar o fôlego, a restauração da gruta — pedra fundamental de toda a história da marca —, a restauração da capela, um teatro, uma loja de produtos novos e um excelente outlet.

Ainda sobre tradição, a marca Burel Mountain resgata, desde 2010, o patrimônio secular do tecido burel, típico das ovelhas bordaleiras, com produtos de fabricação artesanal e uma loja no Porto com design contemporâneo.

Já o projeto do grupo Abyss & Habidecor motiva qualquer empresário de qualquer lugar do mundo. O grupo, focado em produtos de cama e banho, da região de Viseu, que no Brasil tem relacionamento com a Trousseau, consome 150 toneladas do algodão fio egípcio mais longo e especial do planeta. Para surpreender seus clientes do mundo todo, esse grupo investe, nos últimos anos, na Quinta de Lemos, que produz um vinho estado da arte da região do Dão. Não satisfeitos, criaram um showroom hotel cinco estrelas nessa mesma propriedade do vinhedo, com apenas três quartos e somente para convidados. No mesmo local, há o restaurante Mesa de Lemos, já premiado como a principal novidade em Portugal. Uma experiência completa e plena.

Na área da gastronomia, o esplendor é pulsante. Segue forte o tradicional alentejano O Fialho, fundado em 1945, em Évora. Ao mesmo tempo, José Avillez está criando um império — o seu mais recente projeto, intitulado Bairro do Avillez, em Lisboa, continua a demandar horas de espera por uma mesa. O Vinum, da Casa Grahams, vai além do impecável menu, apresentando uma vista deslumbrante do Porto.

Aliás, vista e design é o que não falta nessa cidade! Faltam palavras para explicar o significado espetacular do hotel The Yeatman, que mantém a garrafeira (adega) com maior quantidade de vinhos portugueses do mundo e uma vista do já premiado restaurante, da piscina e do spa impossível de ser descrita de tão incrível.

E o que dizer sobre Porto, berço do vinho do Porto, da relevante Porto Ferreira e da tradicional Livraria Lello, considerada uma das mais lindas do mundo? Ali está a centenária Claus Porto, de sabonetes e fragrâncias. Há também o design moderno do Hotel Teatro, com portas saudando a todos com um poema do portuense Almeida Garret no seu Restaurante Palco.

Portugal dos contrastes arrebatadores! A tradicional região do Alentejo, dos internacionalmente premiados vinhos e azeites Esporão, do monumento nacional e estado da arte hotel Convento do Espinheiro e da região de Monsaraz, onde está a loja da vinícola Ervideira e a poderosa Carmim, uma cooperativa de 850 empresas de vinhos e azeites.

Destaca-se ainda o trabalho exclusivo, sensível e que emociona da artesã em porcelana e têxtil Teresa Pavão; o trabalho autoral e incrível da Oficina dos Irmãos Marques, no Bairro Alto, artistas brasileiros que estão conquistando Lisboa; o fascinante, cool e moderno Hotel 1908, na região do Largo do Intendente; o sofisticado The Oitavos, em Cascais; a vanguarda da marca Storytailors; e um dos principais nomes da moda de Portugal, Luis Onofre, marca de calçados de Luxo com experiência de produtos feitos para as francesas Cacharel e Saint Laurent.

Além disso, os diversos prédios de fachadas dos tradicionais azulejos portugueses vêm sendo restaurados nas principais cidades do país, incorporando trabalhos de interferência urbana de artistas e grafiteiros célebres como Joana Vasconcelos, Bordalo, Vhils e Odeith.

Muito mais que os tradicionais estereótipos, Portugal surpreende com uma onda contemporânea e moderna, que renova o entusiasmo. E até eu, com este nome, Ferreirinha, de família portuguesa e com experiência profissional no país, tenho me surpreendido e encantado.

Novos Públicos para o Luxo

"A definição do que é Luxo muda a cada instante, assim como as novas segmentações de consumidores."

Como marcas consagradas de Luxo se manteriam vivas e desejadas após 150 anos, se não fossem capazes de atrair novos perfis de consumo? Essa é uma das características que mais admiro em marcas centenárias: a coragem para se arriscarem, se renovarem e se manterem contemporâneas, atraindo novos públicos ao longo dos anos. O dinheiro mudou de mãos nos últimos dois séculos, novos perfis de consumo se manifestaram. O que está em jogo não são as mudanças, mas, sim, a velocidade dessas transformações.

Luxo de pai para filho

Pais têm investido volumes significativos nas roupas de seus filhos. Na Inglaterra, por exemplo, a maioria das pessoas com filhos abaixo dos 3 anos de idade gasta mais dinheiro anualmente com as crianças do que com elas mesmas. A empresa britânica Packaged Facts associou esse comportamento a uma tendência chamada de "pais bajuladores".

Esse perfil de pais reflete em seus filhos seu próprio estilo de vida. É crescente o número de pais que vestem as crianças com marcas importantes do segmento de Luxo, como Baby Dior, Young Versace, Dolce & Gabbana Children, Emporio Armani Kids, Chanel e Burberry, para citar algumas das que investem nessa oportunidade e até criaram marcas específicas para o público infantil.

Sabemos que crianças e adolescentes são a nova fronteira do consumo mundial e, por isso, as marcas têm se preparado para surpreender cada vez mais os pais. Em um país como o Brasil, isso tem ainda mais importância, uma vez que somos uma nação jovem e em fase de crescimento demográfico.

O mercado de "baby Luxo" tem sido orientado por alguns fatores importantes. Primeiramente, a mudança demográfica de pais mais velhos, com menos filhos, e, por isso, com mais dinheiro para bajulá-los. Os avós, por sua vez, são cada vez mais "bajuladores" e usam essas marcas como opções de presentes. Além disso, a explosão de celebridades grávidas tem estimulado o surgimento desse novo canal de consumo aspiracional.

Mesmo considerando que o negócio do Luxo infantil ainda representa um percentual baixo de faturamento para a maioria das marcas, é importante ganhar espaço na mente dos pais e apresentar um mix de opções

"Crianças e adolescentes são a nova fronteira do consumo mundial e, por isso, as marcas têm se preparado para surpreender cada vez mais os pais."

de produtos e serviços para seus clientes, sejam eles atuais ou futuros. O escritor James McNeal, autor do livro *Kids as Customers* (Crianças como Consumidores) , aponta que a consciência sobre marcas começa nas crianças a partir dos 2 anos de idade. Assim, é estratégico iniciar ações de mercado observando essas possibilidades.

No Brasil, percebemos um crescimento importante na área do entretenimento infantil, principalmente nas casas de festas especializadas e buffets espalhados em todas as cidades. Em São Paulo, o salão de cabeleireiros Glitz Mania faz sucesso com crianças até 10 anos de idade. Impressiona pelo fato de ser especializado no público infantil — é normal meninas realizarem suas festas de aniversário convidando amigas para passarem uma tarde ou uma manhã no salão fazendo unha, cabelo e maquiagem. São os pais refletindo suas ações em suas filhas e estas, por sua vez, entrando no mundo do sonho, da emoção e dos prazeres.

Tais exercícios, no Brasil, geram a certeza de que esse segmento também crescerá cada vez mais. Aqueles que se prepararem melhor — e o quanto antes — terão o prazer dos resultados positivos.

O poder dos jovens consumidores

Poucas épocas mudaram tanto seus valores como a nossa. No passado, demorava muito tempo para que mudanças surtissem efeito. Não mais. Precisamos decifrar novos códigos a cada instante. Na era dos valores de consumo, as alterações dos formatos tradicionais são fortes.

Quando eu era adolescente, quem tinha 40 anos era coroa, quem tinha 50, idoso e, a partir dos 60 anos, simplesmente velho. Quem ousa dizer isso hoje? Chegamos aos 80 anos com espírito jovem e energia e, com isso, ativamente inseridos na sociedade de consumo. A terceira idade já demanda um novo termo: estamos falando da "boa idade". As oportunidades para esse novo público ainda estão aquém do que se espera. Sendo assim, há muito espaço para crescer.

Na direção contrária, com a mesma nova força, os "baixinhos" ganham status dentro desse formato de consumo. Se antes as crianças não tinham voz e dependiam da decisão dos pais ou superiores, hoje elas têm mais acesso à comunicação. Sabem tudo, conectam-se a todas as informações e desenvolvem uma admirável capacidade de conhecimento para escolher e emitir opiniões que nos surpreendem. Elas entendem de moda, de cores, de formatos, de marcas. São muito mais inseridas em conceitos de sustentabilidade e consciência social que muitos de nós.

Elas sabem onde, como e por quanto são vendidos determinados produtos. O mundo que falava somente com os adultos passou a falar com elas, diretamente. Adolescentes são usados por marcas de perfumes para decidir sobre novos produtos. Carros usam a imagem de crianças nos Estados Unidos para estimulá-las a influenciar seus pais.

Multiplicam-se os salões de beleza especializados no primeiro corte — ou seja, para crianças de menos de 1 ano de idade. Os pais mudaram, e a educação está mais relaxada (ou mais permissiva?). A sociedade se ajustou ao novo comportamento desses "baixinhos", que têm uma força que jamais tivemos.

Nessa nova era, as marcas precisam saber ler o mercado. Quem sempre trabalhou com crianças precisa reaprender ou, pelo menos, ajustar linguagem e oferta de produtos. O mundo infantojuvenil se tornou um poderoso nicho.

Antes, alguém com 12 anos era considerado criança. E hoje? E o que virá depois? Quase impossível prever. Vale, portanto, aproveitar o agora. Como diria Confúcio: "Qual seria a sua idade se você não soubesse quantos anos tem?".

Geração Y e o consumo de Luxo

Como as corporações estão se preparando para as mudanças no comportamento das diferentes gerações? Quem são e o que pensam os consumidores da Geração Y a respeito de temas como política, economia, carreira, lazer, dinheiro e, principalmente, consumo pautam cada vez mais as discussões. Nascidos entre 1978 e 1990 e também chamados de Geração Millenium, eles têm uma forma diferente de ver o mundo quando comparados às gerações anteriores.

Eles cresceram com a integração da tecnologia e do contato com a multiplicidade dos meios de comunicação, o que foi fundamental para a formação dos seus hábitos de consumo. A internet, os celulares e as redes sociais aceleraram a posse e o fluxo de informações, disseminadas com muita liberdade. Por isso, a forma como tais consumidores adquirem e compartilham opiniões sobre as marcas e seus produtos merece a atenção dos profissionais de marketing.

Em importantes setores da economia mundial, essa geração é considerada o maior segmento, tanto em volume de compras quanto em quantidade de consumidores. No Brasil, representa aproximadamente 20% da população e, em todo o mundo, é a geração com maior nível de escolaridade, flexibilidade de conceitos e menor nível relativo de preconceitos.

Imediatista, pragmático e com capacidade multitarefa, esse grupo tem um especial interesse no Luxo, bem como na customização de serviços e produtos. Seu intuito é se diferenciar dos demais e expressar a sua individualidade. É o consumo indulgente e hedonista, em que a aquisição de um produto ou serviço busca o prazer.

Valores agregados ao produto, como o design, passam a ser fatores de decisão de consumo. Eles buscam o belo nas mais variadas formas, e suas escolhas se tornam um reflexo de sua personalidade.

Cabe às empresas atender às expectativas dessa evolução, que é cada vez mais visível e constante. As novas oportunidades de contato com os consumidores, junto aos aspectos comportamentais e aos anseios da Geração Y, serão capazes de transformar formatos tradicionais de comunicação e relacionamento. É um convite ao novo.

"Pela primeira vez, temos um cenário no qual a idade já não importa tanto no comportamento de consumo."

Quem tem medo da Geração C?

Durante a construção do que podemos entender por marketing clássico, sempre foi necessário definir de forma clara o target de uma empresa, produto ou campanha. Pela primeira vez, temos um cenário no qual a idade já não importa tanto no comportamento de consumo.

Um exemplo disso foi o estudo comandado pelo escritório de tendências K-HOLE, de Nova York, juntamente à Box 1824, de São Paulo. A pesquisa tentou criar uma alternativa para a clássica definição de target por faixa etária e passou a considerar mais os padrões de comportamento. Ou seja, dentro do mesmo grupo podem estar um senhor de 89 anos que jogue *Candy Crush* e uma menina de 8 que use as redes sociais com frequência.

É o que especialistas chamam de Geração C. Esse perfil não diz respeito à data de nascimento — como a X ou a Y —, mas a comportamento de uso das ferramentas digitais. E quem são eles? É muito fácil identificá-los. Vivem criando produtos originais, postando conteúdo cuidadosamente selecionado em seus perfis, participando de conversas ativas com marcas e trabalhando com outros consumidores e empresas para produzir ideias empreendedoras e interessantes de forma colaborativa. Você deve estar cercado dessas pessoas ou, até mesmo, ser uma delas.

Esse grupo está preocupado com a gestão de dados e seu uso por empresas para promoção e venda de produtos. É uma consciência crescente de que estamos sempre sendo monitorados e assistidos e, por isso, precisamos participar com criatividade e curadoria. O mais importante é que não se incomodam se as empresas utilizarem estrategicamente seus dados. O que eles realmente querem é saber quando e como isso será feito. A palavra de ordem é transparência.

Com smartphones e tablets como ferramentas de trabalho e conexão constante, esses colaboradores, coprodutores e pensadores estão inspirando uma nova e mais transparente relação entre consumidor e produtor. A Geração C está determinada a se envolver com a criação e a venda de seus próprios produtos e serviços. Está cada vez mais fácil encontrar pequenos empreendedores online, com projetos especiais e surpreendentes, que atraem adeptos com os mesmos valores.

Esses novos consumidores dão preferência às marcas que tornam sua vida mais divertida e interessante e que fornecem moeda social e experimental. Ou seja, histórias que eles possam contar a outras pessoas ou marcas que falam sobre a sua personalidade.

Em resposta a essa movimentação, marcas realizam ações nas quais os consumidores são cocriadores de suas coleções, campanhas e conteúdo, fazendo com que se sintam parte de seu dia a dia. Podemos usar como exemplo o site Nowness, do conglomerado de Luxo LVMH, que publica diariamente histórias, artigos, vídeos e biografias de marcas ou pessoas que contribuem de alguma forma. Eles se autodenominam "uma plataforma global para *storytelling* digital". Já a plataforma online Ouya permite que usuários criem seus próprios jogos de computador para depois venderem a seus amigos.

Quando não está ocupada participando da criação de produtos e serviços, a Geração C é curadora de conteúdo online. Usando sites como Tumblr, Pinterest, Facebook e outros, os consumidores desse grupo viram rebloggers. Em vez de gerarem conteúdo próprio, selecionam na web e postam apenas o que lhes interessa e os representa.

A Geração C participa ativamente, criticando e dando sugestões às marcas. Informados e exigentes como nunca, tais consumidores demandam mais das marcas e empresas. Eles esperam que elas sejam éticas em todas as fases da produção.

Estamos diante de um grupo de pessoas mais conscientes de seu papel social. Uma geração que quer contestar os objetivos e entender as propostas das empresas. Superidealista, é empenhada em fazer do mundo um lugar melhor, para mais gente.

* Artigo desenvolvido em parceria com Alfredo Orobio, colaborador da MCF baseado em Londres por doze anos e atualmente fundador e CEO da Awaytomars.

O consumo masculino

A definição do que é Luxo muda a cada instante, assim como as novas segmentações de consumidores. Atualmente, mesmo o público feminino sendo a roda motriz desse segmento, a proporção de homens que compram produtos de Luxo no Brasil é praticamente a mesma das mulheres. O papel deles tem mudado na sociedade e o que, há alguns anos, era impensável, hoje acontece.

As marcas procuram explorar e entender o estilo de vida do cliente masculino que se permite o cuidado e o prazer pessoal e gosta descaradamente de moda. Os homens buscam marcas que conversem com eles e que atendam a suas vontades. São consumidores bem informados e educados que, mesmo em um movimento mais cauteloso que o das mulheres, têm cada vez mais interesse em marcas e tendências de moda, beleza e *lifestyle*. A vaidade é clara, e a preocupação com a imagem, também.

A "masculinização" do mercado de Luxo é um fenômeno global. Não estamos diante de uma mudança temporária, mas, sim, de uma evolução. O homem deixou o consumo tradicional de lado, e as empresas têm o desafio de compreender sua nova forma de comportamento. O homem está no centro das atenções.

"A 'masculinização' do mercado de Luxo é um fenômeno global. Não estamos diante de uma mudança temporária, mas, sim, de uma evolução."

Olhar o passado, entender o futuro

Um efeito colateral de se tornar referência em um assunto é ser chamado pela imprensa para comentar temas relacionados. A meu ver, isso é salutar e precisa ser encarado como um dever do ofício: uma vez formador de opinião, compartilhar suas análises e impressões de mundo com o público faz parte da responsabilidade social.

Observando algumas entrevistas que dei nos últimos anos, percebo claramente mudanças de cenário vivenciadas pelo Brasil. O que aconteceu não diz respeito apenas ao mercado do Luxo, mas afeta a todos. Isso porque vivemos em um país de baixa previsibilidade, que muda as regras do jogo e altera as expectativas a todo momento.

Esse contexto específico gera ansiedade no mercado, resultando em dificuldades grandes no médio e no longo prazos. Para um empresário estrangeiro, é muito difícil manter negócios com quem altera a todo momento as regras de importação e a formatação tributária. No cenário político, tivemos dois impeachments presidenciais apenas no período democrático recente — são interrupções brutais em tudo o que se espera na dinâmica.

Mas o Brasil promete, claro. Segue com possibilidades fortes. Não podemos ignorar o poder de consumo de mais de 200 milhões de habitantes.

Quando olho para essas entrevistas de anos atrás, não mudaria nada do que disse. Repetiria exatamente as mesmas palavras. O que mudou foi o cenário brasileiro, tão instável. O *modus operandi* das empresas internacionais não mudou. O mundo não mudou. Eu não mudei, meus pontos de vista não mudaram.

Selecionei também uma matéria que conta minha história como filho de portugueses nascido em São Gonçalo, no Rio de Janeiro. Talvez nem todos saibam, mas comecei a vida profissional como office boy e recepcionista bilíngue em um flat service carioca.

Gosto de desmistificar o glamour do Luxo. A pergunta que mais recebo é esta: precisa ter formação diferenciada para trabalhar nesse setor? Venho de São Gonçalo, tenho uma formação educacional mediana. Mas tive vontade, curiosidade, inquietação disciplina e muito, muito trabalho. Minha compreensão do Luxo é profissional e estratégica, e não porque vivo ou vivi esse *lifestyle*. Essa compreensão é importante para entender quem sou e a origem do que pratico.

Depois de fazer esse mergulho nos últimos dezoito anos, entendo que o futuro é animador. Principalmente se o acordo do Mercosul com a União Europeia for aprovado da maneira como imaginamos, se tivermos a esperada revisão tributária e se enxergarmos a redução da máquina estatal brasileira.

De minha parte, sempre vou torcer. No que depender de mim, trabalharei para que amanhã seja melhor do que hoje.

O futuro do Luxo no Brasil está no crescimento da classe C

Entrevista concedida a Soraia Yoshida, Época Negócios, junho 2011

Carlos Ferreirinha é um homem prático. Elegante, sem ser esnobe, ele preza pelo contato direto, mas, com uma agenda em que tempo é uma commodity preciosa, ele se equilibra entre viagens, reuniões e cursos. Ferreirinha realizou em maio a Atualuxo Brasil 2011, a primeira conferência sobre gestão de Luxo do país, seguida por um curso para empresários e executivos em São Paulo.

Apontado como o maior especialista em mercado de Luxo no país, Ferreirinha é o primeiro nome na lista de consultores das empresas estrangeiras com planos de se instalar e se expandir no Brasil. Entre janeiro do ano passado e maio deste ano, sua agenda registra mais de vinte reuniões com executivos de grandes companhias e conglomerados do setor que buscam a resposta a uma pergunta: qual é o melhor momento para investir no Brasil?

"Eu sempre digo: não espere o melhor momento. Comece agora." Esse *timing*, aliado a um conhecimento profundo do perfil do consumidor nacional, valeu um lugar de destaque a sua consultoria, a MCF. Em parceria com a GfK, a MCF publica anualmente um estudo sobre os números do Luxo no Brasil. E que números. Em 2010, os brasileiros gastaram cerca de R$ 15,73 bilhões em artigos de Luxo – na média, é como se cada brasileiro tivesse gastado R$ 4.710 por mês. O setor, porém, está restrito a 2,5% da população. Mas isso está mudando. "A classe média voltou a liderar o consumo, o que é um fenômeno recente, de dois, três anos para cá. Mas é aí que reside o futuro do mercado de Luxo no Brasil."

Ex-presidente da Louis Vuitton Brasil, há dez anos iniciou carreira como consultor. Também ajudou a fundar a Abrael – Associação Brasileira das Empresas de Luxo. "O mercado brasileiro é muito promissor. As grandes marcas lá fora estão recebendo brasileiros em suas operações como nunca. O maior concorrente da Tiffany's em São Paulo é a Tiffany's em Nova York."

Como você definiria o mercado de Luxo no Brasil?

O Brasil é um mercado promissor para o qual todo mundo olha no segmento de Luxo. É também um país muito jovem. Vamos chegar a 2020 com faixa etária média de 34 anos de idade. Na Europa, é quase o dobro. Então, nós estamos entregando uma possibilidade de consumo muito jovial que deve se perpetuar nesses próximos anos. Mas é importante dizer: é um mercado promissor em longo e médio prazos. O que nós fizemos até agora foi a sedimentação muito incipiente e ainda embrionária do que ele pode ser.

Se ainda estamos nesse estágio, por que então só se leem artigos na mídia estrangeira dizendo que o Brasil é a salvação do setor e que os brasileiros são loucos por Luxo?

Os mercados de Luxo mais importantes sempre foram Japão e Estados Unidos. O Japão hoje está muito enfraquecido, os Estados Unidos também. A China é aquele espetáculo de consumo. Você tem a Rússia, que perdeu um pouco da força, mas ainda demonstra vigor. O que resta no mundo? A América Latina. Olhando para a América Latina, você só tem dois mercados relevantes, México e Brasil. O México possui uma economia muito dependente dos Estados Unidos e, portanto, tem sofrido solavancos enormes. Aí você olha para o Brasil. Um país com essa alegria, a economia crescendo regularmente sob um governo democrático, o brasileiro gastando como nunca. As grandes marcas estão recebendo brasileiros em suas operações no exterior como nunca receberam nos últimos cinquenta anos. Os executivos que precisam tomar decisões para os próximos dez anos pensam: eu vou para o Brasil. Mas só que isso acontece lá fora, não é aqui.

Mas as pesquisas mostram que os brasileiros estão consumindo mais no país, incluindo produtos de Luxo.

Há uma reflexão importante a ser feita. Quantas lojas Gucci nós temos neste país? Duas (a Gucci deve abrir uma loja somente para homens em São Paulo em 2012). Quantas lojas Chanel? Duas. E quantas lojas Louis Vuitton após vinte anos de presença no país? Estamos ainda na sexta loja. A Louis Vuitton sempre quis abrir mais lojas. A LV sempre foi demandada corporativamente a abrir mais lojas. Só que os números não fechavam.

Em que outro lugar do mundo se vê operadoras como o Shopping Iguatemi e o Cidade Jardim sendo parceiros das marcas e operando como devedor e investidor? Por que eles fazem isso? Porque têm dinheiro? Não, eles fazem isso para encurtar o tempo de tomada de decisão dessas marcas. Parte delas não consegue entender o mercado brasileiro em seu grau de complexidade, de burocracia, de mudanças de regras e de onerosidade. As empresas não entendem por que têm de pagar 2,2 vezes o salário quando contratam um funcionário. Tem o custo de importação com todos os impostos aqui dentro. O custo Brasil é muito alto. O ponto de reflexão que fica é: se mesmo assim estamos entregando esses números, imagine o que a gente não poderia fazer pelo mercado brasileiro? O Brasil cresceu quase 80% em termos de consumo de cartão de crédito lá fora. É uma cifra surpreendente.

Quer dizer que o brasileiro está gastando bastante, mas não necessariamente aqui, então?

Se você perguntar às operações de Luxo no Brasil, elas não estão preocupadas com a loja ao lado ou com os produtos falsificados. Isso não tira o sono delas. O que tira o sono é o consumidor que viaja para o exterior. O maior concorrente da Tiffany's em São Paulo é a Tiffany's em Nova York. As marcas estão concorrendo com elas mesmas. Agora, quando você enxerga o mercado brasileiro no médio e longo prazos, faz todo sentido estar aqui no Brasil. Porque em algum momento tudo isso terá de ser organizado.

De quantos anos estamos falando?

Cinco a dez anos. Nós temos hoje muita abertura para conversa, mas acho que nesse espaço de tempo veremos mudanças importantes no Brasil.

Pode ser pouco tempo para aprovar mudanças de alcance tão grande. Qual é o grande risco se essas mudanças não acontecerem?

Eu acho difícil que consigamos manter nosso grau de competitividade sem rever urgentemente o custo Brasil. O Brasil é essa potência, mas está muito pautado nas commodities, nos agros... No segmento de Luxo nós temos um crescimento importante, mas ainda um crescimento no topo. É o consumo do helicóptero, da lancha, do barco, do apartamento de R$ 20 milhões. Somos um país que vende loucamente helicópteros, e, ao mesmo tempo, varejistas como Ricardo Eletro, Magazine Luiza e Casas Bahia, que olharam para a base da pirâmide, se deram bem.

Essas empresas, aliás, estão investindo em lojas diferenciadas, com produtos que antes o consumidor tradicional não encontraria nas prateleiras.

É aí que reside o futuro do mercado de Luxo no Brasil. A classe média voltou a liderar o consumo no país e isso é um fenômeno de dois, três anos. Nós precisamos dessa classe média e ela precisa ser educada no consumo aspiracional. O segmento de Luxo está associado a desejo, vontade, manifestação verdadeira de se aventurar por consumo de prazer. O Sul tem renda per capita, mas ainda é mais conservador, tem uma cultura de consumo mais dolorida. O Nordeste é o contrário, não tem a renda per capita, mas tem vontade. Ninguém poderia imaginar que o Nordeste, após São Paulo, lideraria os investimentos imobiliários de alto padrão, afinal, o dinheiro está no Sul. Mas o Nordeste tem vontade. O Brasil inteiro precisa despertar como um país de consumo verdadeiro, não apenas dependente de São Paulo, que concentra de 68% a 75% do mercado.

Você se surpreende com o desejo de consumo da nova classe média?

Nós, brasileiros, somos impulsivos. Não temos visão equacionada de renda, a gente gasta muito mais do que deve. A gente compra no cartão, paga o mínimo, continua pagando e continua gastando. O brasileiro se vira. E mesmo o consumidor que viaja com frequência tem o impulso de consumo e compra por aqui. O brasileiro é muito emocional na hora de consumir. Quando você compara o consumidor tradicional de produtos de Luxo com esse novo consumidor, o comportamento é o mesmo: o "eu quero e quero agora".

Quanto a classe média gasta com Luxo? Qual é o tíquete médio?

Vamos tirar os extremos do mercado de Luxo brasileiro, aquele consumidor que compra apartamentos de R$ 20 milhões, barcos de R$ 15 milhões. Estamos falando de valores próximos a R$ 4.700, que são valores médios de consumo importantes e absolutamente significativos.

"O brasileiro é emocional na hora de consumir."

E quando falamos de salários, de que nível estamos falando?

Quem consegue manter um consumo de R$ 3.500 a R$ 4 mil por mês tem um salário que ultrapassa os R$ 10 mil. Mas há uma base de consumidor importante que não pensa que a bolsa custa R$ 5 mil. Pensa que a bolsa custa dez parcelas de R$ 500. Cinco mil ele não pode pagar, mas dez parcelas de R$ 500, ele pode.

Mas as lojas desse nível vendem parcelado assim?

Muitas. Há lojas vendendo em seis, cinco, três parcelas.

Essa nova geração de consumidores tem muito apreço por marcas e produtos de Luxo bem conhecidos, como o relógio Rolex e o carro esporte Ferrari. E, ao contrário do consumidor europeu, não tem vergonha de admitir isso.

Você trouxe dois pontos importantes aí. As marcas que são ícones e sempre foram chanceladas terão prioridade na escolha desse novo consumidor. Para ele, a coroa da Rolex faz sentido, a estrela da Montblanc faz sentido, o vermelho da Ferrari faz sentido... Tudo aquilo que evocar uma relevância terá prioridade em sua vida. Mas isso traz um ônus. Nem todos os consumidores estão chegando bem informados. Para o conhecedor de relógio, a Roger Dubuis é uma marca inacreditável. Muitos brasileiros nunca ouviram falar. Na Europa, você tem os anúncios da marca em outdoors, nas revistas, as lojas próprias... Para que a Roger Dubuis entre no Brasil e ganhe força de consumo, é preciso um tempo enorme para educar o consumidor brasileiro até que ele tome a decisão de compra pelo relógio Roger Dubuis. Então, o que eu digo para as marcas é: não confundam o fato de ter um nome de muito prestígio e conhecimento internacional, pois não necessariamente isso é sinônimo de sucesso no Brasil. O mercado brasileiro é feito de particularidades e peculiaridades, e as marcas vão ter de aprender isso ao longo do tempo.

E mesmo dizendo isso, muitas empresas ainda estão dispostas a fazer o investimento?

Sim, pois vai fazer diferença quem está aqui ou não. É preciso estar aqui para atingir esse consumidor. Eu digo sempre a eles: não esperem o melhor momento. Comecem agora. Quem conseguir educar esse consumidor brasileiro novo no segmento de Luxo vai colher resultados diferenciados. Estamos vivendo uma ebulição social brasileira, que está acima da econômica. Eu faço até uma brincadeira dizendo que nós, brasileiros, aprendemos a consumir, e estamos gostando bastante disso.

Além do impulso de compra, qual é a diferença entre o consumo de Luxo no Brasil e lá fora?

As marcas lá fora lidam muito com o dinheiro que transita, vendendo produtos para todas as nacionalidades. Então, na loja, você é apenas mais um consumidor comprando na moeda local. No Brasil, nós lidamos com 100% de cliente local. O japonês não compra no Brasil, o chinês não compra, o russo não compra aqui. Foi assim durante muitos anos. Então nós tivemos que aprender tudo sobre esse consumidor local. Nós aprendemos, inclusive, a entreter esse consumidor. Em nenhum lugar do mundo você faz jantar, apresenta quadros, faz festa, tudo na loja. E por quê? Para entreter. Durante anos, a base de clientes do mercado de Luxo não se renovou no Brasil, você tinha de lidar com o mesmo cliente e, portanto, tinha de criar maneiras para continuar atraindo esse consumidor.

Tem um ponto importante que pesa para o consumidor brasileiro: a maneira como ele se relaciona com algumas lojas. Ele gosta de comprar onde conhece a atendente, tem uma gerente amiga e se sente bem tratado e não intimidado, como pode acontecer lá fora.

Se você me perguntar, eu acho que é exatamente nesse ponto que faremos a diferença nesse setor. O Brasil será uma escola de serviços. Com todo respeito, a Suíça é a escola mundial de hotelaria. Não será mais. O Brasil será essa escola, tudo o que estiver relacionado a serviço de Luxo ganhará espaço no Brasil. As marcas internacionais terão espaço no Brasil? Claro que sim. Mas tudo o que estiver relacionado a gastronomia, hotelaria, centros de beleza, spas, qualquer atividade diretamente ligada à prestação de serviços, nós seremos fundamentais. Essa equação brasileira de "transfusão de humanização", de paixão, de carinho, de emoção que o brasileiro consegue colocar no que faz é o nosso forte. Com gente tecnicamente treinada, o Brasil será o berço mundial desses serviços. É só olhar para as operações nacionais, como Fasano, Unique, Ponta dos Ganchos e tantas outras, que apresentam um desempenho muito superior a de outras cadeias do mesmo nível.

Não há um boom de Luxo no Brasil

Entrevista concedida a Carlos Sambrana, Revista IstoÉ Dinheiro, novembro 2009

Ex-presidente da Louis Vuitton no país e atualmente no comando da MCF, consultoria especializada em gestão de empresas de Luxo, Carlos Ferreirinha, é considerado uma espécie de oráculo do mercado de alta renda no Brasil.

De Marc Jacobs a Rei do Mate, de Stella McCartney a Casas Bahia, mais de uma centena de empresas já o procurou para decifrar o comportamento dos consumidores classe A. Tanto é que, desde que fundou sua consultoria, há oito anos, treinou 9 mil profissionais. Na entrevista que segue, ele revela como os consumidores mudaram, o que as empresas estão buscando e analisa o mercado nacional. "O que há no Brasil é uma demanda reprimida", diz Ferreirinha. Acompanhe:

Atualmente, muitas empresas que trabalham com o público de massa estão usando técnicas de gestão do Luxo. O que explica esse fenômeno?

Há uma mudança profunda no comportamento de consumo das pessoas. Para o indivíduo, não basta mais uma linguagem em cima da qualidade do produto e do serviço. Isso virou commodity. Você olha para o lado e enxerga uma quantidade enorme de produtos e serviços extraordinários. Existe, por exemplo, um posto de gasolina, entre Joinville e Jaraguá do Sul, chamado Rota 66. Quando você para o carro para abastecer, vem um indivíduo estendendo um tapete vermelho na porta do seu carro. Se você não sair do carro, vem outro frentista com uma bandeja te oferecendo água, chá, bolacha. Eu falo para os executivos da TAM, que são meus clientes: "Vocês percebem que o posto de gasolina, no interior, entre Joinville e Jaraguá do Sul, já alcançou o nível de serviço de bordo?". A equiparação do nível dos serviços já é muito alta.

Como se diferenciar?

Nas experiências, no diálogo emocional, na capacidade e na habilidade do indivíduo de estimular o outro pela observação. Isso virou obrigação. Só que para isso você tem que recapacitar o indivíduo para olhar para o cliente. Ele tem que ler o consumidor não mais por renda, mas pelo comportamento. As coisas mudaram. Acabou essa palhaçada de fidelidade. Isso é de uma época em que só produto fazia diferença. As marcas têm que surpreender com algo diferenciado.

Mas o que é esse algo diferenciado?

É conseguir surpreender acima do inesperado. Que seja um produto inovador ou o treinamento daquele indivíduo para que ele seja capaz de observar o cliente com mais atenção. Falo para o Michael Klein [presidente das Casas Bahia]: "Você não precisa virar uma Fast Shop, mas tem de se perguntar o que leva um indivíduo a comprar um Bentley mesmo cem anos depois de essa marca ter sido fundada. O que leva um indivíduo a fazer fila para comprar bolsa Hermès?". Se você entende o que está por trás disso, talvez você consiga vender a sua televisão por R$ 2,1 mil e não por R$ 2 mil.

No caso das Casas Bahia, por exemplo, como é possível oferecer esse serviço diferenciado sem parecer pedante?

A primeira coisa a ser feita é desconstruir o processo, levando o vendedor das Casas Bahia a entender que ele faz o mesmo movimento de consumo aspiracional no dia a dia dele. E, se ele tivesse a chance de estar na posição daquele cliente, ele também compraria produtos desnecessários. Quando aquele vendedor das Casas Bahia vai vender aquela televisão de LCD de R$ 2 mil divididos em dez parcelas, ele pode muitas vezes pensar: "Para que uma pessoa precisa comprar uma televisão de LCD?". Eu digo para ele: "O cliente não precisa, e nem você", e ainda mostro de uma forma bem simples que eles também fazem esses movimentos diferenciados. Nas convenções das Casas Bahia, pergunto: "Quem faz barba com a Gillette Mach3?". Quase todos levantam as mãos. Mach3, uma gilete de R$ 22. Para que, se existe uma Bic de R$ 3,50? Eles têm que entender que o movimento de consumo é o mesmo, acontece com todos. Um dia desses, vi que o consulado português lançou no Brasil um serviço Premium. A Perdigão, isso mesmo, a Perdigão, antes de virar a Sadigão, lançou uma campanha no mercado que virou escola dentro da MCF. Muitos podem não ter percebido, mas estava lá a Coleção Salaminho e Mortadela Ouro. Coleção é termo de moda, ouro tem a ver com joalheria, com o raro. A Perdigão posicionou o salaminho num patamar Premium!

A mudança de abordagem dos funcionários melhora as vendas das empresas?

É claro que sim. O tíquete médio aumenta e, mais do que isso, é bacana ver como os funcionários também mudam e reconhecem essa diferença. Recentemente, fizemos um treinamento com uma loja de varejo em Campinas e uma das nossas áreas era a capacitação dos funcionários. Estava lá a dona Severina, que serve o café, e ela disse que havia ido a uma grande loja e desistido de comprar porque chegou no lugar e o vendedor nem olhou para ela. Aí falei: "Dona Severina, imagine que a senhora está numa loja servindo o café e serve a todos indiscriminadamente. Agora vamos imaginar que a Paula, a vendedora da loja, chega para a senhora lá dentro e diz quem são as clientes para a senhora oferecer o café chamando-as pelo nome. Não muda?". Ela cristalizou aquilo de uma forma e disse que aquilo mudaria tudo. Ela percebeu que se relacionar de forma personalizada faz toda a diferença.

Falemos agora do mercado de Luxo. A que se devem as vendas de marcas como Hermès, Mini Cooper e de outras grifes estarem além das previsões?

Seria ingênuo da nossa parte achar que isso é uma ação isolada. Não é. O Brasil vive um momento importante economicamente, de inclusão social, de crescimento de riqueza. Se estivéssemos com a autoestima lá embaixo ou ferrados com a inflação, isso certamente não estaria acontecendo. Vivemos, acima de tudo, um momento de prosperidade que não é apenas econômica, é também uma prosperidade psicológica. O brasileiro virou novamente fã do Brasil. Isso é um lado importante. Sou muito pragmático nisso. As pessoas dizem que há um boom no mercado. Não há um boom de Luxo no Brasil, o que há é uma demanda reprimida de movimentos atrasados. Eu brinco que as pessoas estão transformando o bom em boom. Pegue os maiores grupos do mundo em gestão de Luxo e veja quantas lojas cada um tem. Que marcas o LVMH tem no Brasil? Louis Vuitton e Dior. A-ca-bou, a-ca-bou! O grupo que tem quase 40 mil funcionários no mundo e portfólio de sessenta marcas tem poucas lojas aqui. Boom é o que viveu o Leste Europeu até o ano passado, é o que vive a China, mesmo com a crise. A Louis Vuitton tem dezenas de lojas na China e tem só cinco no Brasil. Se existisse boom aqui, ela estaria abrindo mais vinte lojas.

Mas a Hermès, que acabou de ser inaugurada, está vendendo, bem acima das previsões, bolsas que custam mais de R$ 20 mil...

A Hermès está vendendo muito bem? Tem que vender. Eu falo para o Richard [Richard Barczinski, diretor da Hermès no Brasil]: "Tem que ser burro para fazer a Hermès dar errado". Em qualquer lugar do mundo, a Hermès é um sucesso. Ela abre no Brasil numa cultura de consumo aspiracional, desse indivíduo que está disposto a comprar avião, helicóptero, lanchas extraordinárias. Você acha que esse indivíduo não vai comprar uma bolsa? Esse cara, que paga US$ 5 milhões num helicóptero, não se incomoda de pagar R$ 25 mil numa bolsa. A Hermès está para abrir no Brasil há quinze anos e não vai vender da mesma forma como agora porque não é real. Se fosse real, ela teria feito planejamento para ter dez pontos no país.

Na sua opinião, quais são as principais deficiências do mercado brasileiro?

O custo Brasil é muito alto, o produto chega aqui num preço irreal e a capilaridade disso fica comprometida. Às vezes, você tem o consumidor, mas não tem o ponto de venda. Você quer abrir uma Vuitton ou uma Hermès em Pernambuco, mas não tem um shopping que possa abraçar essa marca. Não tem linguagem de comportamento, de lidar com um investidor ou um operador como esse que demanda coisas diferenciadas. O grupo Multiplan [dono do Barra Shopping, do Morumbi Shopping, do BH Shopping], por exemplo, é o melhor operador do Brasil, mas não consegue lidar com marcas Premium. O Multiplan ainda tem todos os operadores numa grande cesta. É preciso entender que algumas marcas exigem e demandam tratamentos diferentes.

Isso quer dizer privilégios?

Não digo privilégios, mas condições diferenciadas. Quando você coloca uma Salvatore Ferragamo dentro do seu shopping, você imediatamente atrai algumas empresas que querem estar dentro do seu shopping porque você tem até Ferragamo. Essas grifes entregam tráfego, tíquete médio alto, consumidor diferenciado. É uma contrapartida muito alta.

Quais são as características do consumidor brasileiro?

É impulsivo. Não sabe lidar com renda discricionária, ele gasta no cartão de crédito o que não pode. Paga o mínimo do cartão dois anos depois que fez a compra. Estoura o limite do cheque especial, liga para o gerente e pede para estender o crédito. Temos que considerar também que o brasileiro não entende que uma bolsa custa R$ 10 mil. Culturalmente, na cabeça daquele indivíduo, aquela bolsa custa dez prestações de R$ 1 mil. O brasileiro tem um viés de consumo americano, mas gosta de achar que é europeu. O brasileiro não admite que o produto que está nas vitrines de Paris não esteja aqui. Os outros países da América Latina trabalham com coleções passadas. O Brasil, este país megatropical, compra a coleção de inverno em pleno verão porque é a que está sendo vendida lá fora. O brasileiro é novidadeiro.

O brasileiro compra o rótulo ou o produto?

Ainda compra a marca. Mas estamos numa primeira fase de educação. Há dezessete anos, o brasileiro via no Lada, um carro da Rússia, de neve, cafona, medonho, o modelo mais incrível que existia. Assim éramos nós há dezessete anos. Hoje, gostamos de Mini Cooper, de smart, de Vuitton, de Hermès.

Mas ao mesmo tempo que compra esses produtos, o brasileiro tem vergonha de dizer que ganhou dinheiro. O que acontece?

Acho que é um problema de autoestima. Nossa colonização foi exploratória. É intrínseco no Brasil ter a observação de que, quando o outro está se dando bem, é porque ele roubou ou sacaneou alguém. O Brasil também sempre foi uma das maiores sociedades católicas do mundo, tem a questão da culpa, do pecado, do dinheiro maculado.

Carlos Ferreirinha, empresário do Luxo

Entrevista concedida a Camila Balthazar, Avianca em Revista, maio 2013

O fundador e presidente da MCF Consultoria e Conhecimento, Carlos Ferreirinha, é referência no mercado de Luxo na América Latina. Ex-presidente da Louis Vuitton Brasil, cargo que assumiu com apenas 30 anos, e ex-diretor de Marketing e Comunicação Brasil da EDS, sua trajetória profissional foi se desenhando aos poucos. Filho de portugueses e nascido em São Gonçalo, no Rio de Janeiro, começou a vida profissional aos 9 anos no botequim do pai. Passou por office boy e recepcionista bilíngue do primeiro flat service do Rio de Janeiro, até entrar com os dois pés na EDS, a maior empresa de tecnologia de informação do planeta nos anos 1980. Era a Apple dos dias atuais. E um ousado Ferreirinha de 19 anos recém-saído da adolescência.

No centro de São Gonçalo, município do Rio de Janeiro que fica logo depois da ponte Rio-Niterói, o botequim do pai de Carlos Ferreirinha era frequentado pela alta (e nem tão alta) sociedade das redondezas. O pai, seu Custódio Ferreirinha, era um português de pouca instrução, mas muita informação. Lia quatro jornais por dia e dialogava da mesma forma com o prefeito da cidade que vinha para um café e com o morador de rua que buscava consolo na pinga. A oratória era um dos dons de seu Ferreirinha, famoso na cidade pelo frango assado mais procurado nas épocas festivas. "Meu pai dava folga aos funcionários nos feriados, e eu ficava com ele. Ia pro botequim desde os 9 anos. Embrulhava o frango, colocava no saquinho. Aos 12, fazia o caixa e dava troco, enchia a geladeira. Fui crescendo e aí também servia cachaça. Esse trabalho me deu muito do que sou hoje", conta Ferreirinha.

A educação na família era rígida. A mãe Idalina costurava para fora, mas largou o ofício para cuidar dos quatro filhos e da casa. Com o pai e a mãe vindos de Portugal, Ferreirinha e as três irmãs nasceram em solo brasileiro, porém cresceram pautados nos valores portugueses. "A família portuguesa é simples, mas de trabalho. Minha mãe era de uma disciplina fortíssima e exigia muito de mim e das minhas irmãs. As pessoas hoje sofrem com o processo de educação, mas essa postura não nos deixou traumas", lembra. A mão forte era peça fundamental no investimento em educação. Se de um lado as crianças não tinham acesso à bicicleta de última geração, o recurso financeiro era direcionado à assinatura da enciclopédia *Barsa* e às matrículas em cursos de inglês e datilografia.

Quando não estava nas aulas do final do ensino médio pela manhã ou nos cursos extracurriculares à tarde, Ferreirinha podia ser encontrado no botequim. Era lá que ele trabalhava para garantir os trocados do fim do mês. Nenhum filho ganhava mesada. Era o famoso "fazer por merecer". Mas, aos 14 anos, Ferreirinha quis mais – e começou a tirar dinheiro do caixa escondido. Os cruzeiros eram gastos com gibis, revistinhas e presentes para mãe e irmãs. Até o dia em que o pai viu a cena toda. "Em vez de levar uma surra descomunal, o que seria mais lógico, meu pai me colocou dentro da Brasília, chamou minha mãe, e dirigiu por toda a cidade durante horas em colapso de choro. O ato de tirar dinheiro acabou com a vida deles, pois colocava em jogo tudo o que tinham planejado. Aquele momento definiu todo o meu princípio moral e ético. Posso ter muitos defeitos e falhas, mas nunca mais na vida cometi um delito. Nunca tive um processo trabalhista", revela.

A vida seguia simples em São Gonçalo, quando Ferreirinha, aos 16 anos e cursando o segundo grau, decidiu que buscaria emprego no Rio de Janeiro. O aluno mediano de notas 6 e 7, líder de sala de aula, olimpíada e do grupo de jovens da igreja, começou a ler sobre todas as vagas que surgiam. E as negativas viraram uma constante. A oportunidade veio de um "tio de consideração", que ofereceu uma vaga de office boy na empresa de engenharia em que trabalhava. "Fui office boy por uma questão muito clara: queria trabalhar no Rio e não tive chances nos outros lugares onde tentei. Acho que nunca passei nos testes psicotécnicos. Nunca fui lógico", brinca. Foi um ano cheio de envelopes sendo carregados de um lado para outro. Ferreirinha até chegou a analisar contratos, mas ainda assim era "o office boy que analisava contratos".

O passo seguinte veio com a ajuda do cunhado da irmã. Aos 17 anos e calouro de administração de empresas na Universidade Cândido Mendes, Ferreirinha assumiu a posição de recepcionista no primeiro flat service do Rio. Por ter estudado inglês durante nove anos consecutivos, dialogava fluentemente com os hóspedes gringos, exceto quando dormia durante o expediente. Apaixonado por baladas, Ferreirinha virava as noites de sábado nas festas e ia direto para o flat. "Comecei a perceber que alguns hóspedes estavam voltando da rua, porém eu sequer os tinha visto saindo. Ou seja, estava dormindo. Mas eu não ia parar de sair para dançar. Então olha a loucura: criei um falso projeto de desenvolvimento dos mensageiros", relata. Segundo ele, o sonho de ascensão de um mensageiro de hotel era trabalhar na recepção. Ferreirinha proporcionaria isso todos os domingos. Sem dormir na noite anterior, ele ia para sala da gerência com o pretexto de que observaria o desempenho dos mensageiros pelo circuito interno de câmeras. E assim dormia tranquilamente no sofá da gerência.

Apesar de a artimanha não ter realmente promovido os mensageiros, a carreira de Ferreirinha no mundo corporativo foi fortemente marcada pelo traço de desenvolvimento de pessoas. "Gosto de orientar, ensinar, testar os limites das pessoas. Trabalhar comigo é uma opção. Sou muito exigente. Mas nunca perdi um funcionário para empresa concorrente", explica. O padrão se repete na família. As irmãs e a família viajaram para fora do país pela primeira vez com ele, e o sobrinho está indo fazer a graduação nos Estados Unidos por influência direta do tio. "Como fui executivo muito cedo, levei o mundo para a casa deles através de brinquedos, filmes e tantas outras possibilidades. Isso faz parte da minha trajetória profissional e pessoal."

Ainda no flat service do Rio, surgiu a primeira grande oportunidade de sua carreira: um daqueles casos corriqueiros que desenham o destino. Cris McGarry era um hóspede gringo complicado. Descia à noite até a recepção, vestindo apenas cueca, para reclamar em alto e bom-tom da antena parabólica. Ferreirinha foi transferido durante uma semana para o turno noturno com a missão de resolver o imbróglio. Passados sete dias, Cris McGarry deixara de ser um problema. O ousado recepcionista bilíngue havia expulsado o hóspede do hotel. A atitude impressionou até mesmo o próprio Cris McGarry, diretor da Eletronic Data Systems (EDS) no Rio de Janeiro, que passou a solicitar insistentemente o currículo de Ferreirinha. "Eu achava aquilo um absurdo. Eu o expulsei do hotel e ele queria meu currículo? Quer me comprar?", lembra, rindo da situação.

Com um ano e meio de recepção, Ferreirinha ignorava o pedido sem dó. Até que foi chamado para uma entrevista e, ao chegar lá, descobriu que era a mesma empresa de Cris McGarry. "Eu era o apadrinhado. Estavam falando com uma carta marcada. Não quis ficar. Voltei para o hotel", afirma. A diretora de administração do Rio ligou várias vezes até ele aceitar uma nova conversa. Mas isso não incluía aceitar receber pelo valor da corrida do táxi até a sede da empresa. A oferta da corporação foi vista pelo garoto de 19 anos como mais uma artimanha abusada. Ferreirinha pegou o ônibus e a balsa, percorreu quarenta quilômetros e chegou à EDS, onde trabalhou pelos oito anos seguintes. Os traços de liderança logo apareceram no novo ambiente.

Naquela época, a EDS mantinha um pavilhão de marketing em Dallas, nos Estados Unidos, onde as tendências eram apresentadas aos futuros clientes mundiais. A experiência era conduzida pelos embaixadores da empresa dentro de uma cidade futurística projetada por um antigo executivo da Disney World. Claro que Ferreirinha quis fazer parte desse seleto time, que até então nunca tinha contado com um integrante latino-americano. Ele ouviu muitos "nãos", pois não se enquadrava em nenhum pré-requisito.

No entanto, depois de três anos de EDS, a Shell, um dos principais clientes, não renovou o contrato e trezentos colaboradores seriam demitidos. Ferreirinha fechou um novo contrato, realocando 260 funcionários. "Ali meu nome começou a surgir. Aproveitei a oportunidade para pedir a vaga de embaixador mais uma vez. Afinal, eu tinha tirado um problema gigante do colo deles", explica. Depois de doze entrevistas via *conference call* e com apenas 22 anos, Ferreirinha embarcava em seu primeiro avião e sua primeira experiência internacional, que duraria um ano e meio.

O sonho americano chegou ao fim no dia em que a vice-presidente do Brasil da EDS, Tânia Paris, voou até Dallas para convidá-lo a voltar para o Brasil como diretor de marketing, cargo que exerceu por dois anos. Após esse período, seu nome começou a ser cogitado para assumir a vice-presidência. Ferreirinha deu um passo atrás. "Não me enxergava naquela posição. Ainda queria fazer muitas coisas."

O executivo tirou um ano sabático, viajou por toda a Europa e voltou renovado para o mercado brasileiro. Foi procurado por um grupo francês de head hunter que buscava um diretor de marketing e comunicação para a Louis Vuitton na América do Sul, divisão que integrava Argentina, Chile e Brasil. A segunda opção era assumir a presidência do Rio Quente Resorts, mas Ferreirinha embarcou para Paris, onde participou de dezoito entrevistas, sendo que a primeira e a última foram com Yves Carcelle, presidente mundial da Louis Vuitton.

"Ele era muito visionário. Via o mundo do Luxo de uma forma incrível. Me fez querer entrar para a empresa", comenta. Na época, a Louis Vuitton contava com um escritório improvisado na Rua Augusta, em São Paulo, e um estoque ao relento. Nada era profissional. O braço latino era dirigido por Pierre Crouzillard desde Buenos Aires. Foi para lá que Ferreirinha mudou-se com a responsabilidade de fazer a marca acontecer nos três países. Depois de 22 dias, Pierre voltou para Paris, acometido por um câncer. "Fiquei os primeiros seis meses sozinho, sem entender nada. O pessoal da França não atendia minhas ligações. Eu terminava o dia sem saber o que estava fazendo ali. Chorei muito", lembra. Mas sua grande adversidade foi também a grande oportunidade. O executivo lutou por seu espaço e elevou a região a outro patamar.

A América do Sul aconteceu e, um ano e meio depois, o grupo criou a divisão América Latina e Caribe. "Naturalmente eu assumiria a presidência da América Latina, mas não queria. Viajava demais, cuidava de doze mercados. Então criaram a divisão Brasil para me ter como presidente. Eu disse não. Nunca busquei título nem dinheiro, gosto de desafios", conta. Nesse momento, uma cena do passado repetiu-se. O presidente das Américas, Tom O'Neil, voou de Nova York até São Paulo para uma conversa. Ferreirinha teria uma reunião no Rio de Janeiro na parte da tarde, por isso os dois embarcaram na ponte aérea juntos. "Eu tinha certeza de que seria demitido. Quando entramos no avião, ele disse: 'Você tem quarenta minutos para me convencer por que não vai assumir a presidência do Brasil'". O convencido da história foi Ferreirinha, que, aos 30 anos, tornou-se o presidente mais jovem da LVMH (Moët Hennessy-Louis Vuitton).

"Muita gente acha que aprendi Luxo na Vuitton, mas lá foi meu MBA. Aprendi Luxo e estratégias emocionais na EDS, empresa racional e matemática que tinha um pavilhão lúdico de experiência. A EDS era um objeto de desejo. Passar a vender bolsa foi apenas uma consequência", explica. Ferreirinha saiu da Louis Vuitton depois de um ano e meio na presidência, no momento em que percebeu que todo o seu futuro na corporação já estava traçado. Um ciclo de desafios havia se encerrado.

Há doze anos, em 2001, Ferreirinha deixou o universo corporativo para empreender. Fundou a MCF Consultoria e Conhecimento, que traduz e aplica ferramentas de gestão de Luxo. Atualmente, são 35 funcionários e clientes como Embraer, O Boticário, Ferrari, Fashion Mall e Nextel. "Somos uma empresa pequena que se projeta grande. Estamos faturando R$ 6 milhões, indo para R$ 7 milhões. Para uma empresa de serviço de nicho é uma conquista muito grande, mas sofro todos os anos para não fechar a empresa. É uma luta", afirma Ferreirinha, o guru do mercado de Luxo na América Latina. Para os próximos anos, três sonhos o mantêm motivado para acordar todos os dias às 5h30 da manhã: manter a empresa aberta, alcançar o faturamento de R$ 9 milhões e levar todos os colaboradores – sem exceção – para a Disney.

"Muita gente acha que aprendi Luxo na Vuitton, mas lá foi meu MBA. Aprendi Luxo e estratégias emocionais na EDS, empresa racional e matemática que tinha um pavilhão lúdico de experiência."

Talks Luxo

Estas perguntas e respostas são um resumo das conversas que tenho com os seguidores da MCF Consultoria no Instagram. Aproveitamos a rede social para abrir um canal direto comigo, no qual respondo a dúvidas e curiosidades sobre liderança, gestão e nossos trabalhos. Fica aqui o convite para estendermos o diálogo para além das páginas deste livro.

As premissas do Luxo funcionam para empresas fora desse segmento?

Esse é o principal ponto do trabalho realizado pela MCF Consultoria. Traduzimos as premissas fundamentais das marcas de Luxo, que chamamos de Verdades Eternas — excepcionalidade, diferenciação, sinal de perfeição, atemporalidade, qualidade resolvida, comprometimento com a excelência, tradição e história bem contada —, para empresas de outros segmentos. Nosso pensamento é de que qualquer marca pode se beneficiar com a inteligência da gestão do Luxo, e não é necessário se tornar Luxo para isso. As ferramentas de diferenciação estão disponíveis para todas as empresas, não importando o segmento ou a atividade.

Quais são as principais características de um produto ou serviço de Luxo?

Em primeiro lugar, o comprometimento imperativo com a excelência: não fazer algo melhor amanhã, mas fazer agora tudo o que for possível para alcançar o patamar máximo. Em segundo lugar, a tradição, que não deveria ser com o tempo de vida de uma marca, mas com a forma como ela se diferencia ao longo de sua história. Por fim, qualidade resolvida, que é diferente de qualidade superior. A gestão do Luxo é uma jornada que envolve outros fatores, mas qualidade resolvida, uma história bem contada e comprometimento com a excelência são os três principais.

É preciso investir muito para atrair clientes?

É importante saber que qualquer lançamento, posicionamento ou esforço para uma marca ser reconhecida demanda tempo e investimento financeiro. Para destacar os atributos de um produto ou serviço e posicioná-lo, é necessário investir em comunicação — eventos e redes sociais, por exemplo. Para se apresentar de forma diferenciada, é preciso destacar o conceito por trás da marca, sua história, a matéria-prima utilizada. E não importa apenas o volume de dinheiro disponível, mas a continuidade e a perenidade do investimento.

Como o mercado de Luxo está se alinhando à sustentabilidade no mundo atual?

A sustentabilidade não costumava ser o ponto principal de reflexão para as marcas de Luxo, cujo universo é muito mais emocional que racional. No entanto, isso vem mudando, e companhias tradicionais têm se adaptado aos novos tempos de maneira ousada. Marcas como Fendi e Gucci, por exemplo, posicionaram-se interrompendo o uso de pele animal em acessórios e roupas. Há também o surgimento de novas operações de Luxo totalmente baseadas em práticas sustentáveis, como o 1 Hotel em Nova York. E, na indústria automobilística, há uma busca incansável das montadoras em direção ao combustível renovável.

Como se destacar no mercado de Luxo frente a um grande concorrente internacional?

Em primeiro lugar, é preciso apresentar um produto com todos os requisitos necessários para sua diferenciação, da matéria-prima ao posicionamento. Além disso, deve-se encontrar caminhos para destacar seu elemento fundamental, o Luxo. A palavra Luxo vem de *lux*, que significa luz em latim — ou seja, a ideia é elevar, iluminar. Existem muitos bons exemplos no Brasil, entre eles Trousseau, Chocolat du Jour, Grupo Fasano, Iguatemi São Paulo, Hotel Emiliano, Nannai Resort & Spa, Ponta dos Ganchos Exclusive Resort, Txai Resort, Palácio Tangará, Hotel Unique, Kennzur Spa, Aigai Spa, clínicas Ateliê Oral e Ferreira Segantini, shoppings Cidade Jardim, VillageMall e Pátio Batel, Martha Medeiros, Etel, Saccaro, Ornare, HStern, Antonio Bernardo, Belmond Copacabana Palace, Sociedade Hípica Paulista, NK Store, Alexandre Birman, Intermarine, empórios Santa Luzia e Santa Maria. Essas são algumas das marcas que têm feito um ótimo trabalho no cenário nacional e que se destacam em meio a ícones mundiais. Menciono apenas algumas cuja excelência observo — correndo o risco de deixar marcas inquietas com a minha não citação.

Qual é a melhor estratégia de comunicação para uma marca de Luxo no Brasil?

O mercado brasileiro demanda muita atenção, pois o consumidor é bastante mimado. Assim, a principal estratégia de aproximação com os clientes daqui são os eventos de relacionamento. Os brasileiros adoram ser bem tratados, receber convites, participar de ocasiões especiais. Além disso, é necessário estar atento às redes sociais: o Brasil está entre os três países mais conectados do mundo. É essencial que as marcas sejam atuantes no Instagram, no Pinterest, no Google e em outras mídias.

Como transformar um produto comum em um produto de Luxo?

Esse exercício é sempre mais fácil quando o produto ou serviço já nasce com um posicionamento de Luxo. De qualquer maneira, também é possível realizar o chamado *trade up*. A elevação de um patamar mais simples para um patamar diferenciado acontece de diversas formas: um novo produto, uma nova categoria, uma edição especial. Tudo tem que ser sustentado por um radical do Luxo — uma história ou matéria-prima diferenciadas, não somente preço. Todo produto e serviço de Luxo têm preço elevado, mas isso precisa ser fundamentado na apropriação de códigos que o justifiquem.

Qual é o maior desafio do mercado de Luxo?

O que tira o sono das marcas de Luxo, hoje, é a equação entre crescimento, expansão, diversificação, maior faturamento e lucro e a manutenção da exclusividade, que é a coluna vertebral desse segmento. De forma geral, essas marcas passaram a fazer parte de grandes grupos nos últimos anos, foram profissionalizadas, e atualmente precisam entregar resultados financeiros em patamares elevados. Assim, seu maior desafio é expandir o negócio e alcançar as metas ao mesmo tempo em que se mantêm exclusivas.

O que é abordado no curso Luxo Aplicado à Gestão?

Temos muito orgulho desse curso da MCF Consultoria, ministrado no Brasil e em diversos países nos últimos dezesseis anos — em 2019, completamos oitenta edições. São dois dias intensos de conversas e trocas pautadas em uma experiência de trinta anos em inteligência da gestão emocional, da diferenciação, do desejo e do Luxo indireto e direto. Falamos de mercado, marketing, estratégias de marca e negócio, posicionamento, benchmark, análises, casos de sucesso. Trazemos uma abordagem muito ampla sobre estratégia e a inteligência da gestão do Luxo traduzida para qualquer atividade ou segmento.

Existe algum segmento de mercado em que a MCF Consultoria nunca atuou?

Essa pergunta evidencia uma das características mais marcantes da MCF. Ao longo desses dezoito anos, temos prestado consultoria a empresas de segmentos muito diversos, o que nos orgulha muito. São atividades diversas entre si, como varejo, área hospitalar e médica, beleza, indústria automobilística, construção civil, shopping centers e até agronegócio. Nossa atuação é bem ampla com palestras, conferências e seminários. Como sempre destacamos, qualquer área pode se beneficiar da inteligência da gestão do Luxo. A própria BENTO STORE, meu outro negócio, se beneficia muito dessa inteligência da MCF Consultoria.

Agradecimentos

Agradecimentos

A todos que trabalham e trabalharam comigo na MCF Consultoria nos últimos dezoito anos – funcionários, parceiros, prestadores de serviços. Em especial, Daniele Costa, que foi fundamental nos primeiros anos da MCF; Cris Duarte, que esteve ao meu lado por doze anos; Tatiane Navarro, Camila Carmo, Tati Barbosa e Leandro Crepaldi, por liderarem a rotina todos os dias; Thais Leme, por cuidar, proteger e realizar milagres diários com a minha agenda; e Catia Rocha, que segue ao meu lado há dezesseis anos com o mesmo entusiasmo, energia e comprometimento.

A cada cliente, projeto e oportunidade da MCF Consultoria e BENTO STORE. Sou sinceramente grato por me desafiarem profissionalmente.

A todos que trabalham e trabalharam comigo na BENTO STORE nos últimos anos, em especial a Carlos Otavio (Tavinho), sócio-idealizador, sonhador, lutador e visionário; a Michele Gainzarain, há 21 anos trabalhando comigo; a Andrei Trinconi e Erika Soares, por seguirem dedicados e acreditando que o nosso sonho é possível.

A todos que trabalham e trabalharam comigo na Abrael nos últimos onze anos, à diretoria e a cada associado, por me desafiarem na superação constante e no aprimoramento.

A Amend, American Express, Animale, Associação de Hotéis Roteiros de Charme, Ateliê Oral, Audi, Banco do Brasil, BR Malls, Bradesco, Burberry, Cacau Show, Café Orfeu, CDL Iguatemi SP, Cyrela, Diageo Reserve, Dudalina, F.RADE, FAAP, Fashion Mall, Ferrari Store, Ferreira Segantini, Fini, General Motors do Brasil-Chevrolet, Germânia, Gianduia, Grupo Accor, Grupo Bio Ritmo, Grupo Boticário, Grupo GJP, Grupo JCPM, Grupo Saphyr, Grupo Seculus, Heineken, Horaios Estética, Hotel Modevie, Hotel Porto Jatiúca, Hotel Unique, IFF, ISEG, Itaú, Kitchen Aid, Kyly, La Moda, Levi's, Lucianne Murta Escola de Ballet, Manoel Bernardes, Mastercard, Merz, Moët Hennessy, Nannai Beach Resort, NCD, Nespresso, Nestlé, NK Store, Nova Fotosfera, Óticas Carol, Pandora, Pátio Batel, Portobello, Recipe for Men, revista *Expressions*, Saccaro, Samsung, Sebrae, Shopping Flamboyant, Shopping Leblon, SKY, Swarovski Components, Swarovski Retail, TAM, Tegra, Tiffany, TopMaster Odontologia, Trousseau, Turismo de Portugal e Visa por terem sido as empresas que mais contrataram e em muitas ocasiões distintas, os serviços da MCF Consultoria, utilizando a inteligência da gestão do Luxo como diferencial competitivo e inspiração.

Aos parceiros profissionais, que emocionam pelo relacionamento colaborativo em diversos momentos da minha trajetória: Alex Stanisci, Alexandre Souza Lima, Alfredo Orobio, Amanda Capucho, Ana Zambon, André Moreno, Andrea Bisker, Artur Rebelo, Bethel Lombardi, Beth Gavião, Bruno Mello, Bruno Sia, Bruno Vicente, Camila Salek, Cau Saad, Celita Procópio, Charles Piriou, Christiane Nunes, Claudia Jaccintho, Claudia Leite, Claudio Ferreira, Cris Buerger, Cris Porto, Daniel Manzi, Daniela Cachich, Debora Chorovsky, Edson D'Aguano, Eloysa Simão, Elton Morimitsu, Felipe Mendes, Freddy Rabbat, Gabriel Palumbo, Gabriela Moreno, Gloria Kalil, Helder Marcondes, Helena Amaral Neto, Janaina Ribeiro, Jaqueline Araujo, João Camargo, João Carlos Filho, José Maria Caldas, Leticia Nobell, Lília Mello, Luciana Bisker, Luiz Cláudio Nascimento, Luiz Leal, Marcelo Norberto, Marcia Bisker, Marco Ribeiro, Marcos Augustinas, Marcos Gouvêa de Souza, Mariano Manzano, Marta Rovella, Martin Gutierrez, Martina Bugs, Mônica Souza, Nabil Sahyoun, Família Namour, Neneto Camargo, Patricia Casé, Patricia Rossetto, Paulo Borges, Paulo Carramenha, Paulo Skaf, Pazetto, Philippe Soussand, Rafaela Dal Maso, Renato Meirelles, Ricardo Levisky, Robert Chorovsky, Rossildo Faria, Rui Hess de Souza, Sandro Fernandes, Sergio Pessoa, Silvio Passarelli, Simone Scorsato, Sonia Helena, Stéphane Truchi, Tânia Paris, Thomas O'Neil, Vanessa Huguinin e Yves Carcelle.

A todos os relacionamentos cujos contratos não fecharam, mas que nos exigiram revisões, melhorias.

A Romeu Trussardi, João Carlos Paes Mendonça, Rodrigo Piva, Tim Cardoso, Samir Gebara, João Mario, Anderson Quant e, em especial, Sônia Hess, por estenderem a mão quando tormentas nos acometeram. Minha gratidão eterna.

A Luciano Huck e a Fabrizio Haas, por nos apoiarem no início da BENTO STORE.

Aos meus especiais amigos, que são muitos e exercem fundamental papel de diversidade e sustentação, gerando meus principais momentos de descompressão.

Um agradecimento especial à "famosa" Dina, que uso como exemplo e inspiração em muitas palestras e cursos, por seu papel fundamental na minha vida e nas minhas empresas há 23 anos.

Agradecimentos

Às "4 Fantásticas": minha mãe, Idalina, e minhas irmãs, Fátima, Lourdes e Zinha, por estarem sempre ao meu lado com amor e orações (que não foram poucas).

Aos sobrinhos e afilhados Giovanna, Letícia, Pablo e Renan, por me deixarem inspirá-los a irem além.

À família em geral pelo apoio, cuidado e torcida ao longo de todos esses anos de trajetória profissional.

Ao meu falecido pai, Custódio Ferreirinha, por ter me deixado a essência da ética, moral, seriedade e muito (muito!) trabalho como características não negociáveis.

A Priscilla Portugal, minha gratidão pela primeira compilação dos artigos para este livro.

A Camila Balthazar e Flávia Ragazzo – sem vocês, este livro não teria acontecido. Nossas trocas nos últimos meses foram essenciais e inspiradoras, e a capacidade de terem organizado meus pensamentos, falas e escritas foi singular. Minha admiração pela Parc Malou.

A Alexandre Mirshawka, pela persistência fundamental para que este livro fosse publicado. Você não desistiu e manteve constantemente o relacionamento. Estou feliz por estar com vocês na DVS Editora.

www.dvseditora.com.br

Impressão e Acabamento | Gráfica Viena
Todo papel desta obra possui certificação FSC® do fabricante.
Produzido conforme melhores práticas de gestão ambiental (ISO 14001)
www.graficaviena.com.br